JN306158

見た目だけで人を見抜く技術

石丸賢一

PHP文庫

○本表紙図柄＝ロゼッタ・ストーン（大英博物館蔵）
○本表紙デザイン＋紋章＝上田晃郷

はじめに

皆さんの周りに理解しがたい言動をする人はいませんか？　急にキレたり、急にふさぎこんだり、暴力をふるう人がいたり、本当に不可解な人がいて、当惑することがあるのではないでしょうか？　私自身は、子供のころからとても傷つきやすく、人に怯《おび》えていました。特に女性に対しては。そして年上の男性も苦手だし、年下とも何を話していいのか分からないし、よく考えればすべての人が怖かったのです。人生って大変と思う日が続きました。

しかし、ある出会いから、人に恐怖を感じることがなくなりました。それは、奇跡的な出会いでした。すべての人が、自分とは違う反応をする理由が分かりました。それぞれの人が、だいたいどのように反応するのかが分かるようになったのです。１００％正確に予想できるわけではないのですが、「人間ってこの幅でしか反応しない」と知ることができて、余裕を持って人と接することができるようになりました。それが本書でご紹介するパーソノロジー（人相科学）と呼ばれる学問です。顔を見ただけで、人の反応が予測できるのです。といってもいわゆる人相学ではありません。いわゆる人相学を脳科学の観点から正確に考察し、科学的に実証するために2万人以上を対象に統計を取って、85％以上の精度で正確であることを確認した最新の学問です。

なお、私がこの科学に出会い、教え始めて20年経ちますが、膨大な英文の資料を翻訳する時間を持てず、これまでまとまった本を出すことができずにいました。今回満を持してパーソノロジー（人相科学）という膨大な学問の一部を日本人の皆さんに紹介できる機会を得ました。どうか自分をよく知り、他人をよく理解して活かし、豊かな人間関係を築くために使っていただければ幸いです。

日本人初の公認パーソノロジスト（人相科学者）　石丸賢一

見た目だけで人を見抜く技術

目次

はじめに 3

プロローグ
パーソノロジー（人相科学）誕生までの歴史 11

第1章
赤ちゃん顔と大人の顔の対比による科学的考察 17

第2章
男顔と女顔の対比による科学的考察 25

第3章 脳の3つの機能と人相……39

第4章 見た目だけで人を見抜くパーツ別25の法則……47

〈法則の活用法〉 48
01 思考の法則(1)◎額(おでこ)が出ている 53
02 思考の法則(2)◎額(おでこ)の上部が下部よりも広い 59
03 思考の法則(3)◎額(おでこ)の上部が斜め後ろに傾いている 65
04 感情の法則(1)◎丸顔 71
05 感情の法則(2)◎耳の手前の小突起が頭から横に出ている 77
06 感情の法則(3)◎耳が後ろにある 83

07 感情の法則(4)◎耳が下にある 89
08 感情の法則(5)◎眉と目の間隔が狭い 95
09 感情の法則(6)◎眉の形が逆ハの字 101
10 感情の法則(7)◎眉山が尖《とが》っている 107
11 感情の法則(8)◎目と目の間隔が広い 113
12 感情の法則(9)◎黒目が大きい 119
13 本能的行動の法則(1)◎耳下の顎《あご》から口下の顎までの角度が急 125
14 本能的行動の法則(2)◎えらが張っている 131
15 本能的行動の法則(3)◎顎《あご》先が横に膨《ふく》らんでいる 137
16 本能的行動の法則(4)◎下顎《したあご》先がおでこより前に出ている 143
17 本能的行動の法則(5)◎鼻と顎《あご》先の距離が短い 149
18 本能的行動の法則(6)◎鼻先が横に張っている 155
19 本能的行動の法則(7)◎鼻先が上がっている 161
20 本能的行動の法則(8)◎鼻下が短い 167
21 本能的行動の法則(9)◎鼻梁《びりょう》が出ている 173

22 本能的行動の法則⑽◎上唇が厚い 179
23 本能的行動の法則⑾◎下唇が厚い 185
24 本能的行動の法則⑿◎歯が出ている 191
25 本能的行動の法則⒀◎首が太い 197

第5章 パーソノロジー（人相科学）の調査の歴史 203

第6章 幸せ顔と不幸顔はあるか？ 213

第7章 美人顔とユニークな顔 229
コラム 整形美人について 236
第8章 不要な離婚を避けるために 239
おわりに ラッキーな人生に乾杯！ 247

イラスト・似顔絵 桂早眞花

プロローグ

パーソノロジー（人相科学）誕生までの歴史

私たちは、無意識的に人の顔を見て人物評価する習性がついています。それは、今に始まったことではなく、人相についての研究は人類の歴史と同じくらい古い歴史を持っています。

中国において、今から４５００年前に人相についての記述があることが分かっています。中国最古の歴史書、司馬遷の『史記』によると、春秋時代の晋の政治家趙鞅《ちょうおう》（ＢＣ４６３没）が姑布子卿《コフシケイ》という人相見の名人に、我が子の中で誰が将軍になれる人相をしているのかを尋ねて、その鑑定に従ったことが記されています（『史記』趙世家）。中国に始まる人相学は、日本の人相学・観相学にも影響を与え、今日に至っていますが、脳科学的な研究を追求し、統計を取り数値化して、その正確さを証明する科学的アプローチは、東洋において発達することはありませんでした。

それに対して、西洋においては、人相の科学的アプローチを試みた長い歴史があります。パーソノロジー（人相科学）のルーツは、古代中国ですが、シルクロードを経由し古代エジプトに伝播《でんぱ》して科学的な研究が始まりました。古代エジプト人は、その瞬間に人がどのように行動したり反応したりするかを調べるために体と顔の構造を研究したのです。

この業績は、ソクラテスとその弟子であるプラトンとアリストテレスに受け継がれました。特にアリストテレスの観相学が有名です。彼は、『動物誌』の中で、動物と人間との比較から観相学を体系化して、人間の容姿と性格のつながりを研究しました。キリスト教の時代になり、その科学的研究は下火になりました。人相の研究者たちは、宗教裁判にかけられたり、迫害を受けたりするという暗黒時代を迎えたのです。が、ルネッサンス時代になり、古代ギリシャ・ローマの古典の復活とともに、王侯貴族の間でもてはやされ、イタリアで観相学が復活しました。

アリストテレスの観相学を継承したジャンバッティスタ・デッラ・ポルタ

(Giambattista della Porta 1538-1615) がルネッサンス期の観相学の第一人者として有名です。18世紀前半スイス・チューリッヒ生まれのラーバター (Johann Kaspar Lavater 1741-1801) が精神と肉体の関連を研究し、人相の哲学へと昇華させ、その著作は、ドイツ・フランス・イギリスで人気を博しました。18世紀後半になると、観相学は啓蒙主義者の関心を引き、ドイツ人医師フランツ・ガル (Franz Joseph Gall 1758-1828) は、脳の解剖学と神経の生理学の研究につとめ、頭蓋測定学や骨相学を提唱し、大反響を呼びました。この時代に、観相学・頭蓋測定学・骨相学などは、「科学」とみなされていたのです。

骨相学は、19世紀前半の欧米で大いに流行しました。精神と頭蓋骨との対応という考え方が分かりやすく、誰にでも頭の形から人間の気質や精神を判断できる点が、民衆に大受けしたのです。しかし、爆発的な人気とは裏腹に、各地で通俗的悪用がはびこり、やがて熱狂的なブームが過ぎ去ると生みの親であるガルすらも山師扱いされ、衰退していきました。

中傷する者たちは、誰一人として、骨相学を反駁《はんばく》する論拠を示すことはできなかったのですが、それでも全体として信頼を失っていったのです。19世紀後半になってイギリスの生物学者ダーウィン（Charles Robert Darwin 1809-1882）は進化論の立場から『人及び動物の表情について』（１８７２年）を著し、表情研究という新しいジャンルを開拓しました。これらの研究が、観相学の科学性を飛躍的に高めたのです。しかし、植民地化政策を取るヨーロッパの「白人至上主義」のゆえに、観相学が「有色人種」や「未開人」を蔑《さげす》む人種的偏見の根拠として悪用されました。そうした悲しい歴史の中で、再び学問的価値が下落し、観相学の研究も衰退しました。そして、心理学の主流は骨相を考慮に入れないフロイト（Sigmund Freud 1856-1939）を中心とした精神分析学に移っていきました。しかし、この時代にあっても、民衆の間では、観相学は相変わらず人気を博し、その研究は脈々と続けられ、20世紀になりアメリカにおいて、大きな発展を遂げることとなったのです。

１９２０年代に裁判所の治安判事であったエドワード・ジョーンズ（Edward Vincent Jones）は、数千人もの犯罪者を観察して、その顔に共通の特徴があることに気がつき、法廷に立つ被告人がどういう種類の犯罪を犯したのかを、顔を見ただけでほぼ正確に推測できるようになっていました。

エドワード・ジョーンズの業績を検証するために、今日まで2万人以上を対象に追跡調査を行い、85％以上の精度で正しいと分かっているものが150項目以上発見されています。これが本書でご紹介する、パーソノロジー（人相科学）です。

第1章

赤ちゃん顔と大人の顔の対比による科学的考察

赤ちゃんの顔が、赤ちゃんの性格を物語る!?

人間の数だけ異なった性格があり、人間の数だけ異なった顔があります。人間の性格を分類するときに、顔の種類により分類できればとても便利ですが、性格も顔も無数の種類があり、簡単に分類することはできません。

しかし、性別や年齢により、人相と性格にはある共通性があり、その共通性を手掛かりにして、人相と性格の関係を明確にすることができます。

まず、赤ちゃんの顔と大人の顔を対比して検討してみます。赤ちゃんの顔にはある共通の特徴があり、大人の顔にもある共通の特徴があります。同時に赤ちゃんの性格と大人の性格にもそれぞれ共通の特徴があります。個人差はあっても、赤ちゃんと大人では明白な性格と顔の共通した特徴の違いがあるのです。そこで、「赤ちゃんの顔と大人の顔の差異」と「赤ちゃんの性格（反応パターン）と大人の性格（反応パターン）の差異」を比較対照することで、「顔の形」と「性格（反応パターン）」との客観的な関係性を導き出すことができます。その論拠として、比較する顔の部位の「細胞量」とその「細胞の質（機能）」の関連を見ていきます。

まずは、「赤ちゃんの顔とは何か？」「大人の顔とは何か？」を確認して、その違いを比較対照してから、顔の形と性格（反応パターン）の関係を見ていくことにしましょう。

赤ちゃんの顔の特徴

- 黒目の占有率が高い（ほとんど黒目である）
- 目と目の間隔が広い
- 額（おでこ）が広い
- 額（おでこ）が前に出ている
- ぺちゃ鼻である
- 鼻の穴が見えている

- 丸顔である
- 耳の位置が後ろである
- 顎《あご》が角ばっていない

これに対して大人の顔（特に西洋人の男性の顔）の特徴は、個人差はあるものの赤ちゃんと比べると以下のタイプの人が多いと言えます。

大人の顔の特徴

- 黒目の占有率が低い（白目が多い）
- 目と目の間隔が狭い
- 額（おでこ）が狭い
- 額（おでこ）が後ろに傾いている
- 鷲鼻《わしばな》になっている
- 鼻の穴が見えない（鼻先が下がっている）

	赤ちゃんの顔	大人の顔
黒目の占有率	高い	低い（白目が多い）
目と目の間隔	広い	狭い
額の広さ	広い	狭い
額の形	前に出ている	後ろに傾いている
鼻の形	ぺちゃ鼻	鷲鼻
鼻の穴	見えている	見えない
顔の輪郭	丸顔	細面
耳の上下位置	低い	高い
耳の前後位置	後ろにある	前にある
顎	角ばっていない	角ばっている

- ●細面《ほそおもて》である
- ●耳の位置が高い
- ●耳の位置が前である
- ●顎《あご》が角ばっている

もちろん個人差はありますが、全般的には、赤ちゃんと大人の顔では上記のような差異があるのです。成長の過程で、赤ちゃんの顔が、ある一定の方向で大人顔に変化していきます。

そこで、赤ちゃんから大人になる間の、私たちの性格（反応パターン）の変化と顔の形の変化がどのように対応しているかを調べていきます。顔の形が変化していくということは、顔の各部位の細胞数に変化があるということですから、その変化に伴って、その細胞の質（機能）も変化することが分かれば、人相と性格に客観的関連があることが分かります。

一例として「黒目の占有率の違い」を取り上げて、説明していきます。

赤ちゃんの黒目はなぜ大きい⁉

「つぶらな瞳」という言葉がありますね。赤ちゃんの黒目はとても大きいです。白目がほとんどないくらいです。一方、大人の黒目はかなり小さいですよね。個人差がありますが、ゴルゴ13のように細い目で黒目が点のような人もいます。

「赤ちゃんの黒目の占有率の高さ」と「大人の黒目の占有率の低さ」を比べて、「黒目の大きさ」と「性格」の関係を予想してみましょう。「目は心の窓」などと言いますから、目が人間の心の状態に関連していると予測できることについては、異論がないと思います。では、「黒目の大きさ」は「心の何」を表しているのでしょうか？

赤ちゃんのころと、大人になってからの私たちは、心がどのように変化してきているでしょうか？　例えば、ゴルゴ13のような「黒目の小さい」成人男性の「心」と、「黒目の大きい」赤ちゃんの「心」を比べてみてください。

赤ちゃんの方が、感情表現が豊かなのは、容易に想像がつきますよね。ゴルゴ13のような男性は、感情を最大限に抑えて、仕事をきちっとこなしていきます。ここから、「黒目の占有率」は、「感情表現の度合い」と関連がある可能性が高いと考えていきます。

このような考察とそれを確かめる統計をきちんと行って、パーソノロジー（人相科学）では、「黒目の大きさ」に応じて、人の「感情表現の度合いが変わる」事実を突き止めました。

赤ちゃんのように黒目の大きい人たちは、感情を表現していたら生き生きとするのです。逆に感情表現が許されないと生きた心地がしなくなり、泣き出したくなります。

成人男性のように黒目の小さい人たちは、感情表現をして辛い体験をしてきたので、感情を表現しないように目の筋肉を収縮させ、黒目を少しずつ小さくしてきたのです。だから、感情表現が必要な場面では、ストレスを感じて、感情をコントロールする傾向にあります。しかし、「どのような感情を表しているか」や「なぜ感情的になったか」については、黒目の大きさだけでは分からないことも判明しました。詳しくは、第4章⑫（119ページ）をお読みください。

第4章の「見た目だけで人を見抜くパーツ別25の法則」の項目では、赤ちゃん顔から大人顔への変遷も解説しています。参考にしてください。

第2章

男顔と女顔の対比による科学的考察

「女顔」は赤ちゃん顔に近い⁉

赤ちゃん顔と大人の顔の対比による、人相と性格の科学的考察をご覧いただいた上で、成人の男顔と女顔の対比による人相と性格の科学的考察をしていきたいと思います。

私たちは、何を根拠にして男と女の違いを感じることができるのでしょうか？

体型の違いから区別をつけることもできます。ヘアースタイルの違いから男女の違いを区別することもできます。ファッションから区別をつけることができるかもしれません。では、同じ体型で同じヘアースタイル、同じファッションなら男女の区別はつかないのでしょうか？　実際には、ほぼ顔を見ただけで男女の区別がはっきりつきます。

それは、なぜでしょう？　私たちの脳が経験的に「男の顔」「女の顔」の違いを認識しているからです。まれに区別がつかない場合もありますが、たいがいは、顔の形だけで性差を認識できることを私たちは、経験上知っています。

では、男顔と女顔では、何が違うのでしょうか？

大人の男女は、ほぼ間違いなく区別がつきますが、赤ちゃんの顔を見ても男女の区別がつかない場合があります。特に男の赤ちゃんを女の子と間違える経験が多いのではないでしょうか？　赤ちゃんのころは、性差の区別がつきにくいのです。成長の過程で男女差が少しずつはっきりしてきます。では、顔のどのパーツがどのように男女の差の変化をつけてくるのでしょうか？

赤ちゃんの顔の特徴的なものは、

●黒目の占有率が高い（ほとんど黒目である）

●目と目の間隔が広い
●額（おでこ）が前に出ている
●ぺちゃ鼻である
●鼻の穴が見えている
●丸顔である
●顎《あご》が角ばっていない
でした。

これに対して成人男性（特に西洋人）の顔は、個人差はあるものの、成人女性の顔と比べると、

●黒目の占有率が低い（白目が多い）
●額（おでこ）が後ろに傾いている
●鷲鼻《わしばな》になっている
●鼻の穴が見えない（鼻先が下がっている）
●細面《ほそおもて》である

●顎が角ばっている

のです。

つまり、典型的な成人男性（特に西洋人）は、細面の顔で、額（おでこ）が後ろに傾いていて、黒目が小さく、鷲鼻で、鼻先が下がり、顎が角ばっています。

それに対し、赤ちゃんは、丸顔で、額（おでこ）が前に出ていて、黒目が大きく、ぺちゃ鼻で、鼻先が上がり、顎が丸いという特徴があります。

そして、典型的な女性の顔は、赤ちゃんと典型的な男性の顔の中間的な特徴を持っています。

卵型の顔で、額（おでこ）は垂直、黒目が多めで、鼻はまっすぐ伸びて、鼻先は上でも下でもなく、顎は少し角ばっています。

次ページに、赤ちゃんと典型的な成人女性と典型的な成人男性の顔の形を部位別にまとめました。

皆さんの中には、例外を思いつく方もおられることでしょう。実際、日本人男性は西洋人の男性と比べると、丸顔が多いのです。しかし、全体として見ると「赤ちゃんの顔」→「典型的な成人女性の顔」→「典型的な成人男性（特に西洋人）の顔」という方向で、顔の特徴は変遷していきます。つまり赤ちゃん顔から離れれば離れるほど、より典型的な男性顔になるのです。それゆえに、赤ちゃんの気持ちを理解できるのは、男性よりも女性と言えるのです。子育てが、どちらかと言えば女性に適性がある理由が顔の法則から説明がつきます。

	赤ちゃん	典型的成人女性	典型的成人男性
顔の輪郭	丸顔	卵型	細面
額（おでこ）	前に出ている額	垂直である	後ろに傾いている
黒目の占有率	高い（ほとんど黒目である）	中間（黒目が多め）	低い（白目が多い）
目と目の間隔	広い	中間	狭い
鼻の形	ぺちゃ鼻	まっすぐな鼻	鷲鼻
鼻の穴	見えている	少し見えている	鼻先が下がっていて見えない
顎	丸みを帯びている	少し角ばっている	角ばっている
	 赤ちゃんの顔	 女性の顔	 男性の顔

この厳然たる事実を基にして、典型的な成人女性の性格（反応パターン）とは何か？　典型的な成人男性の性格とは何か？　を明らかにして、各部位の科学的意味を明確にしていきたいと思います。

一例として「額（おでこ）の膨《ふく》らみ」を取り上げます。赤ちゃんの額（おでこ）は前に出て膨らんでおり、成人女性の場合は、垂直になっていることが多く、成人男性の場合は、斜め後ろに傾いていることが多いのです。これは何を表しているのでしょうか？

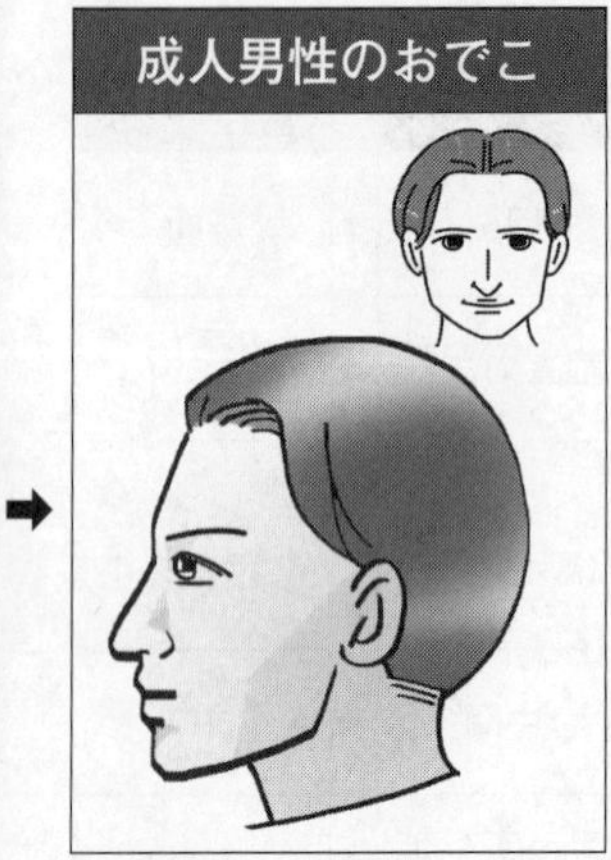

「額（おでこ）」は、前頭葉の一部です。前頭葉の細胞量や形によって「額（おでこ）」の大きさや形が決まります。理性的な思考を司《つかさど》るのが、前頭葉です。

「額（おでこ）の形」は「前頭葉の脳細

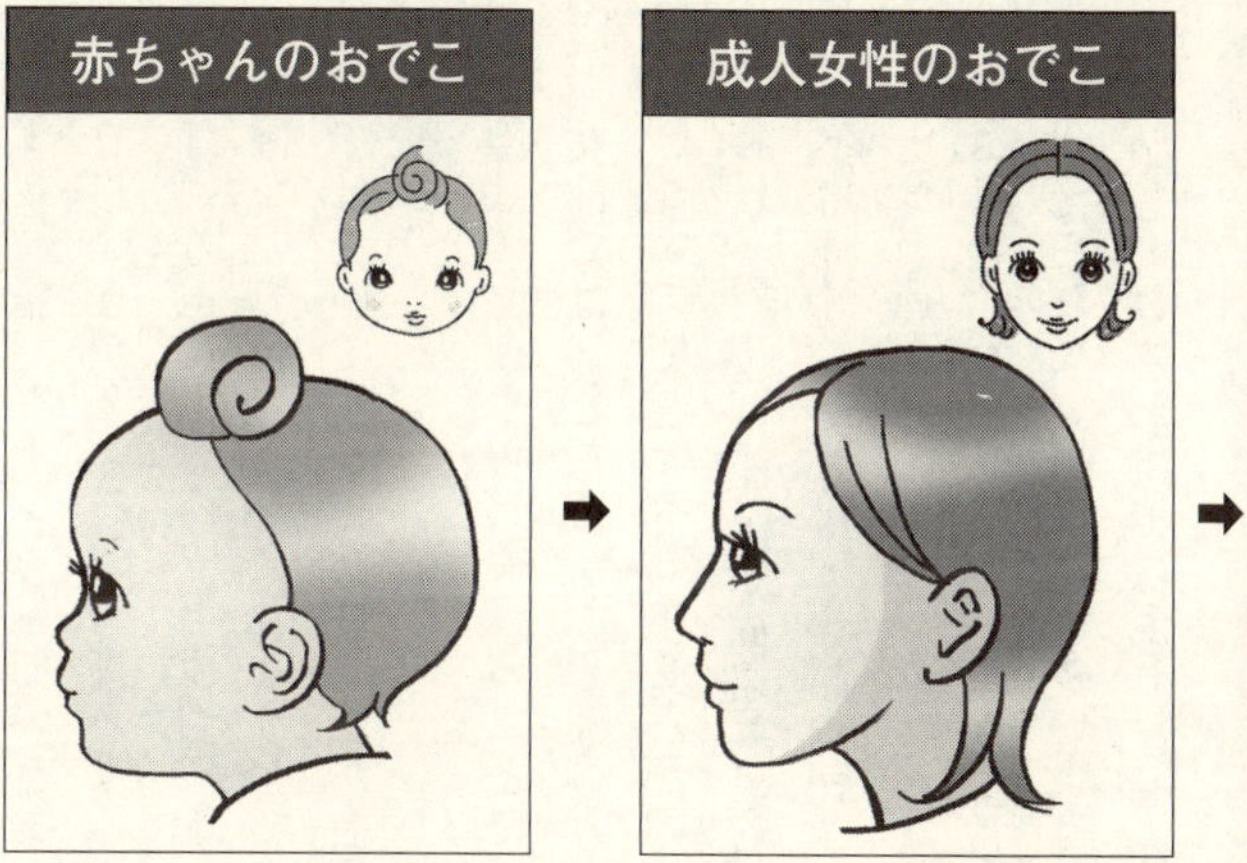

胞の質（機能）」つまり「額（おでこ）が示す特性」を表し、「額（おでこ）の（相対的な）大きさ」は、「前頭葉の脳細胞の（相対的な）量」を表します。

前頭葉は、人間だけが持つ脳で、人間らしい知性と理性の源です。思考、運動、言語を司る司令塔です。ですから、額（おでこ）の形と大きさは、さまざまな思考パターン、運動パターン、言語パターンの性質や程度を表します。赤ちゃんと成人女性と成人男性とで、どのように思考パターンなどに違いがあるのか思い浮かべてください。もちろん個人差はあるのですが、ある共通の傾向があるのです。

まず、言語パターンを見ていきましょう。男性と女性では、どちらがおしゃべりでしょうか？　そう、答えは「女性」です。女性は、とにかくよくしゃべります。なぜでしょう？　女性のおしゃべりに耐えられない男性はかなり多いのではないでしょうか？　どうしてでしょう？　女性が全員おしゃべりというわけではないですが、女性同士が会うとほぼ確実におしゃべりしている印象を受けます。

女性は、どうやらしゃべることに快感を感じるようです。では、赤ちゃんと成人女性では、どちらがおしゃべりでしょうか？　赤ちゃんは、まだ言葉を覚えていないのでしゃべりませんが、しだいに言葉を覚え、よくしゃべり始めます（特に女の子の口がよく回る）。お母さんが「うるさ〜い！」と思うほどよくしゃべります。それは、言語を司る前頭葉の細胞の（相対的な）量に関連しているとすればどうでしょうか？

次に思考パターンを比べてみましょう。女性のとりとめもない（失礼！）会話に耐えられない男性は、多いようです。実際によく聞いてみると、大した内容を話しているわけではありません。「どうしてそんなたわいないことを延々と話していられるのだろう?」と多くの男性は思います。男性は、なぜこのようなおしゃべりに耐えられないのでしょう?　男性にしてみると、女性は何も思考していないかのように見えます。では男性の思考パターンは、どのようなものでしょうか?　男性の会話には、「要点」や「結論」が大切になってきます。話すには、意味や理由があって当然だと考えます。結論のない女性の会話には、「意味」や「理由」を見出すことができません。

男と女では思考パターンが全く違うのです。なぜでしょう?　さて一方、赤ちゃんの思考パターンは、どうでしょうか?「意味」「理由」を必要とするでしょうか?　ただ、「聞いて聞いて」と共感を求めるために話していることが多いのではないでしょうか?　こうして見ていくと、やはり女性の思考パターンは、成人男性よりは赤ちゃんの思考パターンに近いと言えるのです。

この男女の思考パターンの違いは、男女の前頭葉の形や前頭葉の細胞の量とどのような関連があるのでしょうか?　なぜ、成人男性の額（おでこ）は後ろに傾いている人が多いのでしょうか?　額（おでこ）が後ろに傾いているということは、「思考」と「言語」を司る前頭葉の脳細胞の量が少ないということです。つまり、男性の方が、一般に「思考しない」し、「しゃべらない」ということになるのではないでしょうか？

パーソノロジー（人相科学）が統計を取り確認できたことは、一般的に男性は、わけあって前頭葉の細胞量を減らしてきたという事実です。そのわけとは、ゆっくり「思考」し、「おしゃべり」していては、社会人として競争に勝てないので、さまざまなことをじっくり考えるのではなく、すぐに要点や結論を出すのに便利なように、長年かけて脳を変形させてきたのです。

一方、女性は子育てと家族の世話に明け暮れる生活が長かったので、競争に勝つことではなく、毎瞬毎瞬家族の感情も考慮しながら家事を的確にこなすことが求められてきました。そのため毎瞬変化する状況に適応するために「思考」しなければならないし、家族と「おしゃべり」をすることでコミュニケーションを図る必要があるので、おでこ（前頭葉）にたくさんの細胞を必要としたのです。

しかし、第二次世界大戦後、女性の社会進出が進んできて、女性の額（おでこ）の形が変わってきました。戦前は、女性が大学に行くこともまれでしたし、大学を出ても自分の能力を発揮する場所も少なかったのですが、戦後は、男女区別なく知育が重要視され、小学校のときからよい成績を取るために競争にさらされることとなりました。大学に進学する女性も増え、女性がいない職場がないほどまでになりました。

そして、女性も競争社会の洗礼を受け、「ゆっくり思考し」「とりとめもない会話をする」ことが許されない環境に身を置くようになって、男性のように「結論」や「意味」や「要点」を意識する思考法を身につけなければ社会で生き残れなくなったのです。

その結果、男性のように「額（おでこ）が後ろに傾いている」女性が、増えてきました。ですから、パーソノロジスト（人相科学者）は、その女性の額（おでこ）の形から、どの程度のキャリアウーマンかを見抜きます。頭の形や前頭葉の量を調べて、どのように脳を使っているかが類推できるのです。また、額（おでこ）の形を見て、「結論」を重視するか、「共感」を重視するかを見抜くのです。

このようにして、額（おでこ）の形から「思考パターン」や「言語パターン」などを読み取ることができます。それは、単に男女の典型的な差異にとどまることなく、男であれ、女であれ、人それぞれの細かな違い・個性を読み取ることができるのです。額（おでこ）について詳しくは、第4章①②③（53〜70ページ）をお読みください。

第3章

脳の3つの機能と人相

あなたは思考派？ 感情派？ 本能的行動派？

前章までで、赤ちゃん顔・典型的成人女性の顔・典型的成人男性の顔の比較から、科学的に導き出される顔の法則（パーソノロジー）が存在することをご理解いただけたのではないかと思います。それは、顔の各部位の細胞の量の比較を基にしています。第4章で、詳しく顔の各部位が表す性格（反応パターン）の法則を見ていく前に、脳の機能と性格との関係をご説明したいと思います。

人間は、「思考」と「感情」と「行動」の3つの機能を基本としています。「行動」は、さらに「本能的行動」と「選択的行動」に分かれます。パーソノロジー（人相科学）では、「本能的行動」のことを「無意識表現」と呼んでいます。

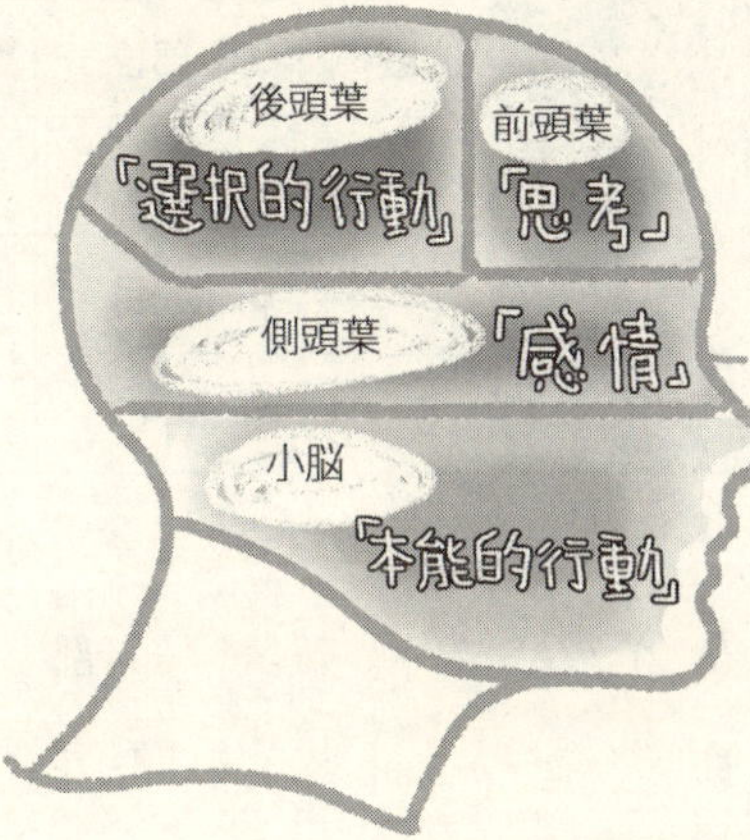

そして、
「思考」には、前頭葉の細胞量と形が、
「感情」には、側頭葉の細胞量と形が、
「本能的行動（無意識表現）」には、小脳の細胞量と形が、
影響を与えます。

「前頭葉」・「側頭葉」・「小脳」は、頭の上・中・下に位置しているので、顔の上・中・下に、

「思考」

「感情」

「本能的行動」

を読み取ることができます。

	位置	顔の部位	脳の部位
「思考の法則」	上	額(おでこ)	前頭葉
「感情の法則」	中	耳・眉・目	側頭葉
「本能的行動の法則」	下	顎・鼻・口	小脳

つまり、上部の額(おでこ)の形状から「思考の法則」を読み取り、中部の耳・眉・目から「感情の法則」を読み取り、下部の顎《あご》・鼻・口から「本能的行動の法則」を読み取るのです。

大雑把《おおざっぱ》に言えば、上部の面積や体積が多いタイプの人は「思考派タイプ」です。

中部の面積や体積が多いタイプの人は「感情派タイプ」です。

下部の面積や体積が多いタイプの人は「本能的行動派タイプ」です。

人間の性格(反応パターン)は、複雑多岐にわたって

います し、顔の形も人間の数だけ異なっていますが、「思考」と「感情」と「本能的行動」の3つの基本パターンが分かれば、あとはその組み合わせで、その人の性格（反応パターン）をだいたい理解することができます。

それ以外に「身体」や「選択的行動」についても、パーソノロジー（人相科学）では、法則を多数発見していますが、本書では、一般の方が見てすぐに使える正面と横から見える顔の部位を紹介させていただきます。

パーソノロジー（人相科学）の鑑定について

パーソノロジーの人相鑑定には、

(1) 写真鑑定
(2) 完全鑑定

の2種類があります。

(1) 写真鑑定では、クライアントの方に以下の写真をご送付いただきます。

①顔正面（真正面である必要あり）
②顔側面右側（耳の位置が見えること）
③顔側面左側（耳の位置が見えること）
④両手の平（自然に指をそろえた状態）
⑤全身の写真（頭から足先までが写っていること）

この写真で得られる情報を元に正確な人相鑑定を行います。例えば、第4章④で大雑把に「丸顔」と表現しておりますが、実際の鑑定では、両目の眼窩《がんか》間の距離（横）と額中央の生え際から顎《あご》先までの距離（縦）を正確に測定し、のちにその比を計算して丸顔の程度を分類します。

⑵完全鑑定を行う場合には、全身の長さを約2時間かけて計測します。顔の各部の長さはもちろんのこと、脚の長さ、手の指の形状、さらに皮膚の厚さも調べます。皮膚の厚さは、身体の部位により異なるため、「皮膚の厚さと（耳周辺の）髪の毛の太さは、対応している」という法則を使って、左右の耳

の周りの髪の毛を左右5本ずつ切り取って計測し、その平均値や太さのばらつきを調べます。

そのためには、マイクロメーターという特殊な機械を使用します。

0・005～0・0175インチなら細い方（S）で、

0・0176～0・0225インチなら普通（M）で、

0・0226インチ以上なら太い方（L）と判断します。

数万人に対して統計を取った結果、髪の毛の太さ（皮膚の厚さ）のSは人口の25％、Mは50％、Lは25％だと分かっています。

完全鑑定では、このようにして、より厳密に鑑定していきます。

パーソノロジー（人相科学）が導き出した法則

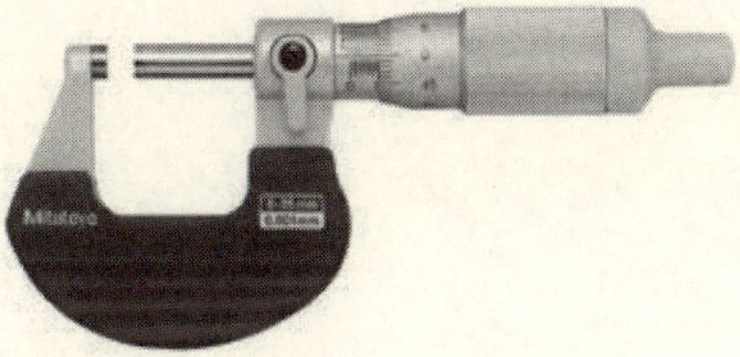

マイクロメーター

はすべて、このように正確に計測された完全鑑定のデータを根拠としています。

第4章

見た目だけで人を見抜く パーツ別25の法則

〈法則の活用法〉

A．ご自身を理解するために

❶ 25種類のイラストをご覧ください。

↓

❷ 自分の顔の特徴でとても際立っている項目をいくつか見つけて解説をお読みください。

↓

ぴったり当てはまる場合には

→ 注意点を含め、ご自身の人生における指針としていただければ

当てはまらない場合、以下を考慮してください。

→
- a その特徴がそれほど際立っていない。
- b 他の部分が影響して、その特徴が弱まっている。
- c 自分本来の特徴の長所を否定している。
- d すでに自分の反応パターンに気づき、短所を乗り

幸いです。

e 越えている。

自分よりも強い特徴を持った人の影響で、逆の反応が出ている。

B. 他人を見抜くために

❶ 25種類のイラストをご覧ください。 ←

❷ 相手の顔の特徴でとても際立っている項目をいくつか見つけて解説をお読みください。 ←

ぴったり当てはまる場合には ←

当てはまらない場合、以下を考慮してください。 ←

注意点を含め、その方を理解する助けとしてください。

➡

a その特徴がそれほど際立っていない。
b 他の部分が影響して、その特徴が弱まっている。
c 自分本来の特徴の長所を否定している。
d すでに自分の反応パターンに気づき、短所を乗り越えている。
e 自分よりも際立った特徴の人の影響で、逆の反応が出ている。

➡

●本章では以下の①〜㉕の項目を取り上げ、その法則を解説いたします。

「思考」の法則（額・頭の細胞量を見る）

何が分かるか	どんな特徴があるか	どこで分かるか
①想像力度	視覚化する力	額（おでこ）の形

②集中力度	注意の持続時間	額（おでこ）の形
③客観思考度	思考の処理速度	額（おでこ）の形

「感情」の法則（耳・眉・目などの細胞量を見る）

④潜在的自信度	自分の力や潜在能力への気づき	顔の輪郭
⑤所有意欲度	所有に向かう感情	耳の突起
⑥前後バランス度	未来に向かうか過去の記憶に向かうか	耳の前後位置
⑦理想に向かう傾向度	感情の深さ	耳の上下位置
⑧気さく度	選択の速度	眉の高さ
⑨華やか傾向度	効果を狙う感情	眉の形
⑩企画力度	構造や全体への感情	眉の形
⑪寛容度	見たり知覚したものに対する反応速度	目と目の幅
⑫感情表現度	瞬間における感情の流れ	黒目

「本能的行動（無意識表現）」の法則（顎・鼻・口などの細胞量を見る）

⑬無意識の抵抗度	プレッシャーに対して無意識に抵抗する	下顎《したあご》の形
⑭権威度	きっぱりと表現する	顎
⑮喧嘩《けんか》好き度	腕力に訴える傾向	下顎
⑯握ったら離さない強さ度	固執する	下顎
⑰知的活動度	知的活動と身体活動のバランス	鼻から顎までの長さ
⑱本能的自己信頼度	無意識に言語・身体表現をする	鼻の形
⑲他人への信頼度	最初の印象を無意識に受け入れる	鼻先
⑳外観への誇り度	どのように見られるかに関心を持つ	鼻の下の長さ
㉑社会奉仕度	社会的なサービスを無意識に行う	鼻梁《びりょう》
㉒感情表現度	気持ちを言葉で伝える傾向	上唇
㉓与える度	無意識に与える	下唇
㉔秘密暴露度	個人的なことを口にする	歯
㉕肉体傾向度	無意識に肉体が興奮する	小脳

思考の法則（1）

01 額(おでこ)が出ている

本質

額（おでこ）が出ている人は、
一般的に想像力・独創力が
すぐれています。

性格や行動の特徴

額（おでこ）が出ている人は、一般的に想像力・独創力がすぐれています。特に、目の上の部分が出ている人は想像力が、中央部分が出ている人は独創力が豊かです。

赤ちゃんや子供の表現力は、大人には信じられないくらいユニークで、想像力豊かです。それは、額（おでこ）が非常に出ているからです。

成長する過程で「事実確認」や「実証」する能力など「想像力・独創力」を抑える能力も求められるので、私たち全員が持っていたこの額（おでこ）を維持する大人は、少数派になります。

額（おでこ）が出ている人は「想像力・独創力」が必要となる場

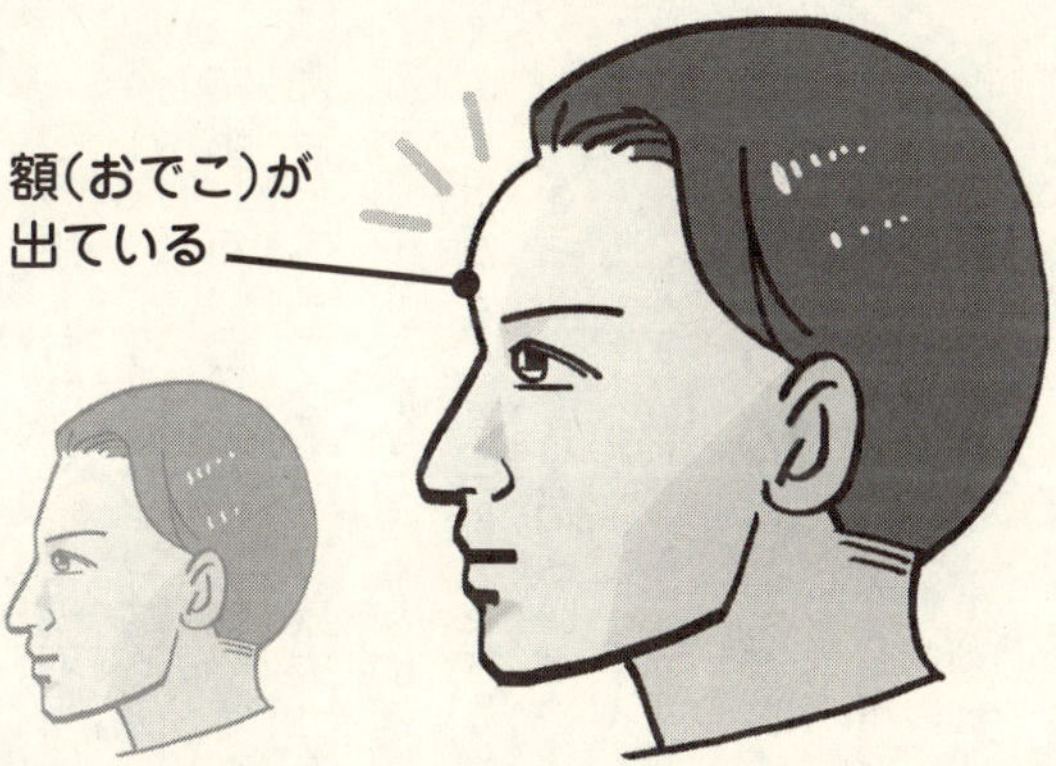

面では、その力を遺憾なく発揮します。音楽や美術など、「想像力・独創力」を必要とする仕事なら何であれ、力を発揮することでしょう。

額（おでこ）が出ている人たちの注意すべき点は、「非現実的な妄想」にふけっていても気がつかないことです。また、否定的な考え方や悲観的な考え方に取りつかれて、その「想像力・独創力」を膨《ふく》らませてしまう傾向にあります。凶悪犯罪は、妬《ねた》みや恨みの感情を「想像力」豊かに膨らませた人に多いのです。

この額（おでこ）を最大限に活かすには、否定的な想念に取りつかれないように気をつける必要があります。そのためには、明確に実現したい目標を絵に描いて部屋に飾っておくなどして、何のために自分の「想像力・独創力」を使う必要があるのかを確認することが大切です。好きでもないことをあれこれ考えて時間を無駄にするのではなく、本当にしたいことに集中して自分の「想像力・独創力」を活かしてください。

このタイプの人とうまく付き合う方法

このタイプの人の「想像力・独創力」を尊重して、夢のような話でもよく聞いてあげてください。ただし、夢だけで終わる話も多いですから、その話が現実化するお手伝いをしてあげるか、少なくとも話の腰を折らないように気をつけてください。

この人に仕事を頼む場合には、仕事内容や期限を明確にし、約束することが大切です。生産的結果を得るように約束させてください。「夢だけ語って実現するの？」などと相手の「想像力・独創力」を小馬鹿にするのは禁物です。

例外

額（おでこ）が出ているのに想像力・独創力を発揮していない人をたまに見かけます。多くの場合、堅苦しい環境下で自分の想像力・独創力を発揮できないでいるのです。子供のころに自分の「想像力・独創力」を非難されて、抑圧している人もいます。

この特徴を持つ有名人

孫正義、ベッキー、東国原英夫《ひがしこくばるひでお》、池上彰、神田うの、浅田真央、宮本亜門、デヴィ・スカルノ

思考の法則(2)

02 額(おでこ)の上部が下部よりも広い

本質

額(おでこ)の上部が
下部よりも広い人は、
一般的に集中力がすぐれています。

性格や行動の特徴

額（おでこ）の上部が下部よりも広い人は、一般的に集中力がすぐれています。他のことを脇に置いて、与えられた課題が完遂するまで連続して思考することができるのです。

忍耐強く思考できます。長期スパンで観察、思考、行動ができるのです。興味があるものならやりきるまで注意を全面的に向けます。とりかかっているプロジェクトに夢中になり、周りでイライラしていても邪魔しようとしても気にせず集中できるのです。

しかし、これは思考の中身・質には関係ありません。悪意を持って完全犯罪に興味を持てば、その実現のためにも集中できます。どうか、人々に恩恵をもたらすプロジェクトにこの才能を活かしてい

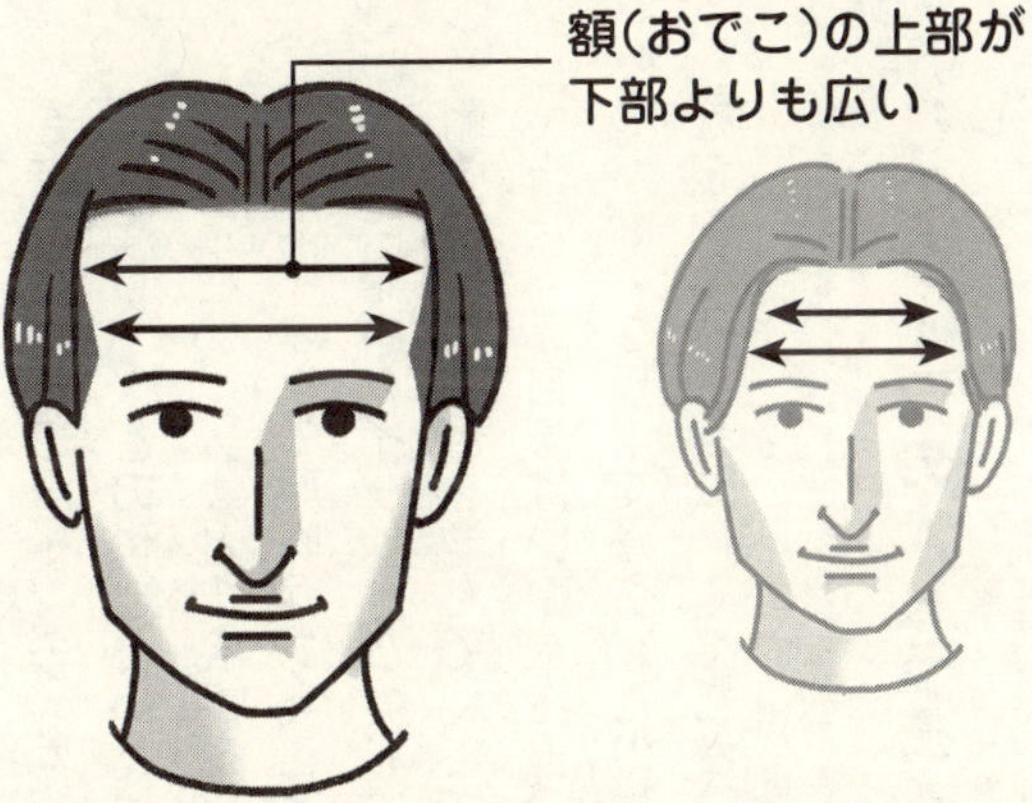

ただきたいものです。

また、他人が関わると問題が生じます。他人との会話中に、相手の言葉や話題について考え始めると、その後の話が聞こえなくなり、結論が出るまで思考が止まらず、会話の相手には、「人の話を聞かない」「人への配慮をしない」非社交的な人物だと受け取られます。普通話し相手は、少し話が中断しただけでイライラするものだと理解していただく必要があります。

どうか、仕事や趣味において自

分の才能を最大限に活かしてください。何か集中できる仕事や趣味を持つと、このタイプの人は幸せを感じることができます。

ただし、人との付き合いでは、他人に興味を持つ習慣を身につけてください。人々との会話で、彼らの話を聞くだけでなく、言葉やジェスチャーで興味があることを示してください。相手が、自分と同じ「集中タイプ」なら、じっくり話を聞いて、話が終わるまで忍耐強く待つことを学んでください。

また、ご自身はいったん一つのことに集中すると他のことが手につかなくなりますから、この瞬間集中してもいい状況なのかの確認を忘れないようにしてください。

このタイプの人とうまく付き合う方法

このタイプの人は、完成まで思考を集中できるのですが、途中でやめることができません。どうか、邪魔をしないようにしてあげてください。もし、ストップをかけなければならない場合でも、相手を思いやって「お願いがあるんだけれども、ちょっといい？」とソフトに声をかけてください。冗談を交えて配慮の思いを示してあげてください。

例外

この額（おでこ）なのに、集中力を失っている人を時々見かけます。多くの場合、この人たちは、集中力を維持するために快適な身の回りの環境を必要とします。自分の思考を中断するような環境にいるとき、集中力を維持できなくて、世話してくれなかった人を恨みます。

この特徴を持つ有名人

ドクター中松、片岡鶴太郎、久石譲、Dr.コパ、假屋崎省吾《かりやざきしょうご》、ケンドーコバヤシ

思考の法則（3）

03 額（おでこ）の上部が斜め後ろに傾いている

本質

額（おでこ）の上部が
斜め後ろに傾いている人は、
一般的に短時間で結論を出します。

性格や行動の特徴

額（おでこ）の上部が斜め後ろに傾いている人は、一般的に短時間で結論を出します。結論を出す前に考えたりしません。じっくり考えるタイプではないのです。考えないで、すでに刷り込まれている反応方法に従い素早く結論を下します。彼ら自身は、頭の回転が速いと思っていますが、実際には思考スピードが遅いので、必要な思考をスキップして結論を急ぐのです。

なぜそうするのかを考える時間を取りません。結論に至る途中のプロセスを考慮しないのです。いつもその瞬間の効果を狙うことに関心が向いています。すぐにアクションを起こして、素早く結論に向かうことができるのです。一歩一歩順序立てて考えることには興

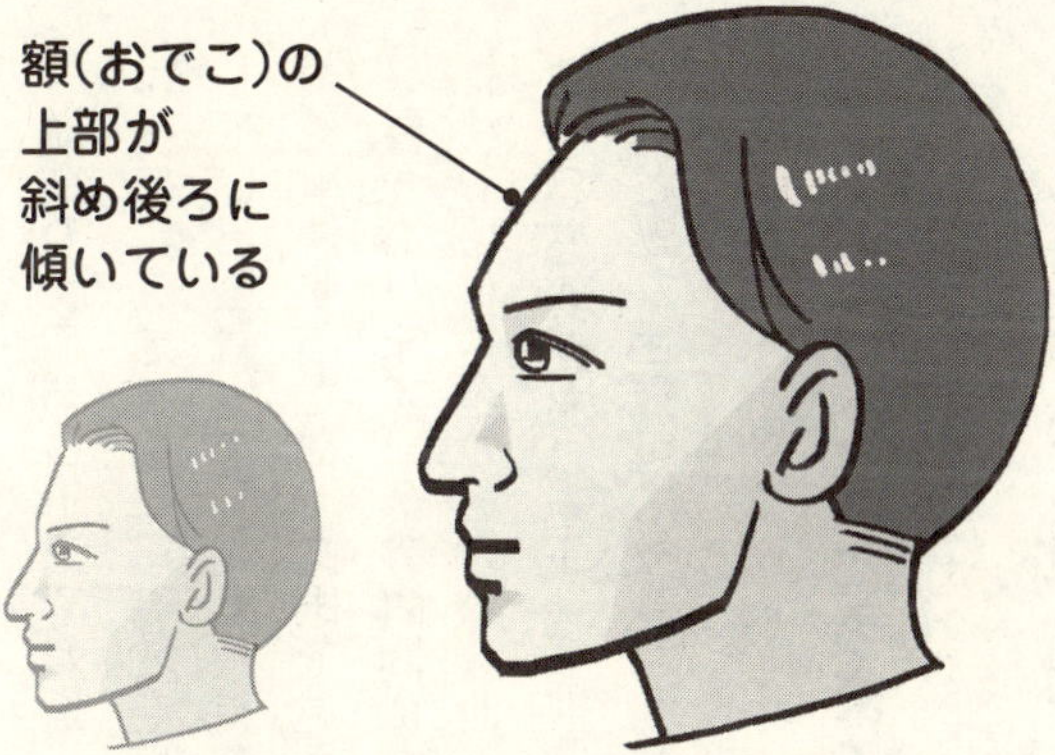

味がありません。「理屈を言う暇があればすぐに行動」がこの人たちのモットーであり、スピードと素早いリアクションが彼らの思考スタイルだと理解してください。

現代のような競争社会では、「短時間で結論を出し、成果を上げる」必要がある環境で、この額（おでこ）はとても役に立ちます。しかし、理由をじっくり考える時間を取らなければいけない場面では、この額（おでこ）は不利に働きますので、意識的に思考するように心がける必要があります。

従来の反応パターンで対処しようとしてもうまくいかないときには、結論を急ぐ前に、時間を取って「現状」「関係者の人柄」「直面している困難」をじっくり見つめなければなりません。問題を能率よく解決するため、肉眼で見えない本質を見抜くために時間を取る必要があります。その瞬間における他の選択肢を考慮できなければなりません。そのためには他人の意見に耳を傾け、他人の意見を尊重する必要があります。邪魔せずに、話を最後まで聞くようにして、どんな困難にも柔軟に対処できるようになってください。

このタイプの人とうまく付き合う方法

この人たちは、素早く動く人だと知っておいてください。しかし、この人たちの従来のやり方では役に立たないと判断したら、代案を提示することが大切です。その前に、現状確認の質問を忘れずに行ってください。

この人たちは、新しい状況で起こりうる問題を予想することがとても苦手なのです。現状把握のために的確な質問をして、物事を考え抜くお手伝いをしてください。この人の動きをよく観察して、あなたの思考プロセスについていきているかどうかを確認してください。

例外

額（おでこ）の上部が斜め後ろに傾いているのに、結論を出せずに考えてばかりいる人を見かけます。多くの場合、初めての状況や人に遭遇することで、その全体像や要点をつかみ取れず、素早い応答ができずにいます。

この特徴を持つ有名人

デーブ・スペクター、舛添《ますぞえ》要一、浜村淳、橋田壽賀子《すがこ》、宮崎哲弥、桂ざこば、小林繁

04

感情の法則（1）

丸顔

本質

丸顔の人は、
一般的に
いわれのない自信を持ちます。

性格や行動の特徴

丸顔の人は一般的にいわれのない自信を持つ傾向にあります。初めての場所でも威風堂々としているように見えます。「大きな顔をする」という表現は、丸顔の持つ自信ありげな印象からきています。赤ちゃんは、皆丸顔です。赤ちゃんは、何ができるわけではありませんが、とても自信に満ちています。私たちの人生は、「根拠のない自信」を持ってスタートするのです。

このタイプの人は、無意識に「強さと自信」を他人に示す必要があると思っています。実際指導的な立場に立つ人が多いのです。自分で敷いたレールに他人が従うのは当然だと考えています。

いつも上から目線で、他人を驚かせたり、指図したりします。他

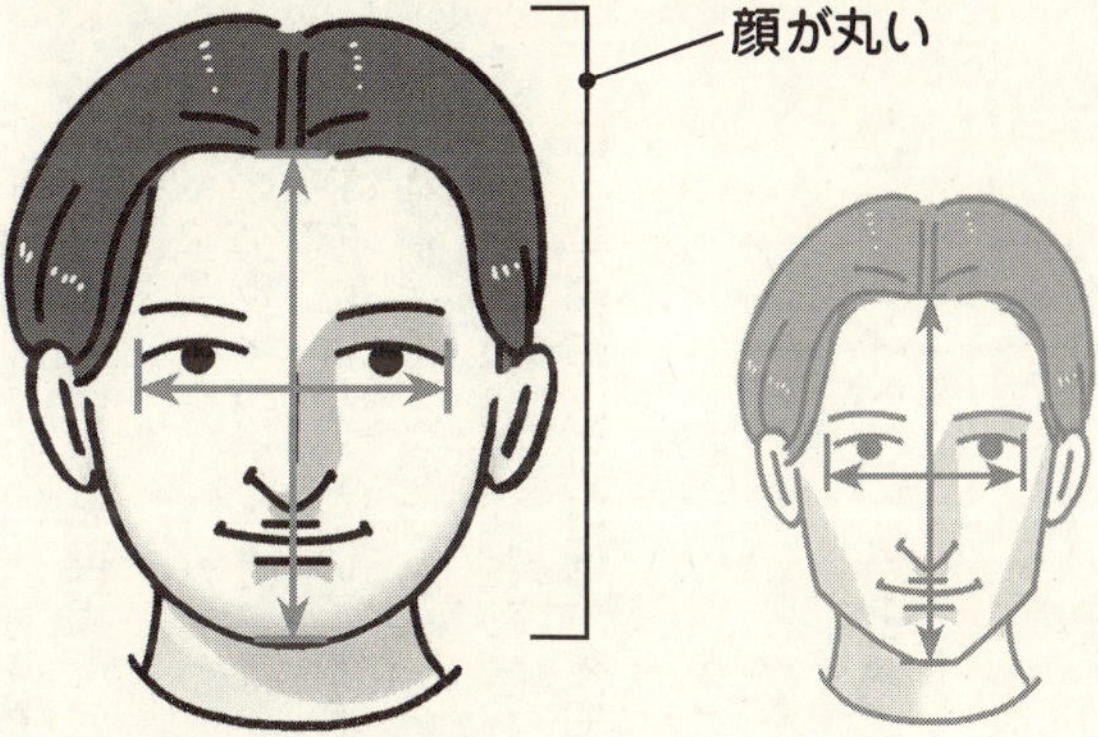

両目の眼窩間の距離（横）と
額中央の生え際から顎先までの距離（縦）の比

人を説き伏せたり、他人を刺激するのも平気です。人を喜ばすときでさえ、自分なりのやり方で行います。このタイプの人たちは、他人にお構いなしに生きることができる、ストレスに無縁の人なのです。この人たちが示す「強さと自信」が、さまざまな問題を作りますが、自分は正しいのだから当然と考えています。

自分がしないと決めたことを他人がしようものなら、邪魔しようとします。急がなくても構わないと判断したら、平気で関係者を待たせます。このような態度ゆえに関係者の協力が得られなくなり、自分の夢や目標を実現できていない「丸顔」の人が多いのも事実です。

このタイプの人たちは、「強さと自信」を示すだけでは有能である証明にはならないことを理解する必要があります。成功というのは業績によるのであって、そのためには、知恵や知識、冷静な判断、他人の協力などの学びが必要となります。「根拠のない自信」に「実績による自信」を加味させて、本当の意味で自信に満ちた人生を送ってください。

このタイプの人とうまく付き合う方法

このタイプの人の「強さと自信」に立ち向かってください。同じくらい強い態度で自信ありげに臨んでください。彼らに直接交渉するのです。感情的な議論をしないで、状況を明確にする質問と、解決策へのアプローチを尋ねてください。事実を確かめる質問をしてください。あなた自身の専門知識を駆使してください。

従順に聞いていてはダメです。ソフトな応対もダメです。覚えておいてください。このタイプの人は、強さと自信を示す人を尊重するのです。あなたが「強さと自信」を示せば、尊重してもらえます。

例外

丸顔なのに自信を喪失しているように見える人を見かけます。多くの場合、以前は何でもできると思っていたのに、気がつけば何一つ達成できていないことに気がつき、愕然《がくぜん》として自信を喪失してしまっています。

この特徴を持つ有名人

みのもんた、薬師丸ひろ子、藤山直美、トミーズ雅、綾小路《あやのこうじ》きみまろ、福原愛、夏川りみ

感情の法則（2）

05 耳の手前の小突起が頭から横に出ている

本質

耳の手前の小突起が
頭から横に出ている人は、
一般に所有意欲が強い傾向にあります。

性格や行動の特徴

耳の手前の小突起が頭から横に出ている人は、一般的に所有意欲が強い傾向にあります。所有していると安心感が得られるという理由で「所有のために」所有します。自分が所有しているものも大好きなのです。所有するまでのプロセスも楽しみます。

普通は、一家の大黒柱であり、財産と財政のよき管理者です。自分の安心を自分で構築します。商売をして、利益を得るために値切り、蓄財をして、投資するのです。どうすれば得をするのか本能的に気づいているのです。財務に関する抜け目がありません。預金口座の価値を知っているし、売買のベストなタイミングを知っています。

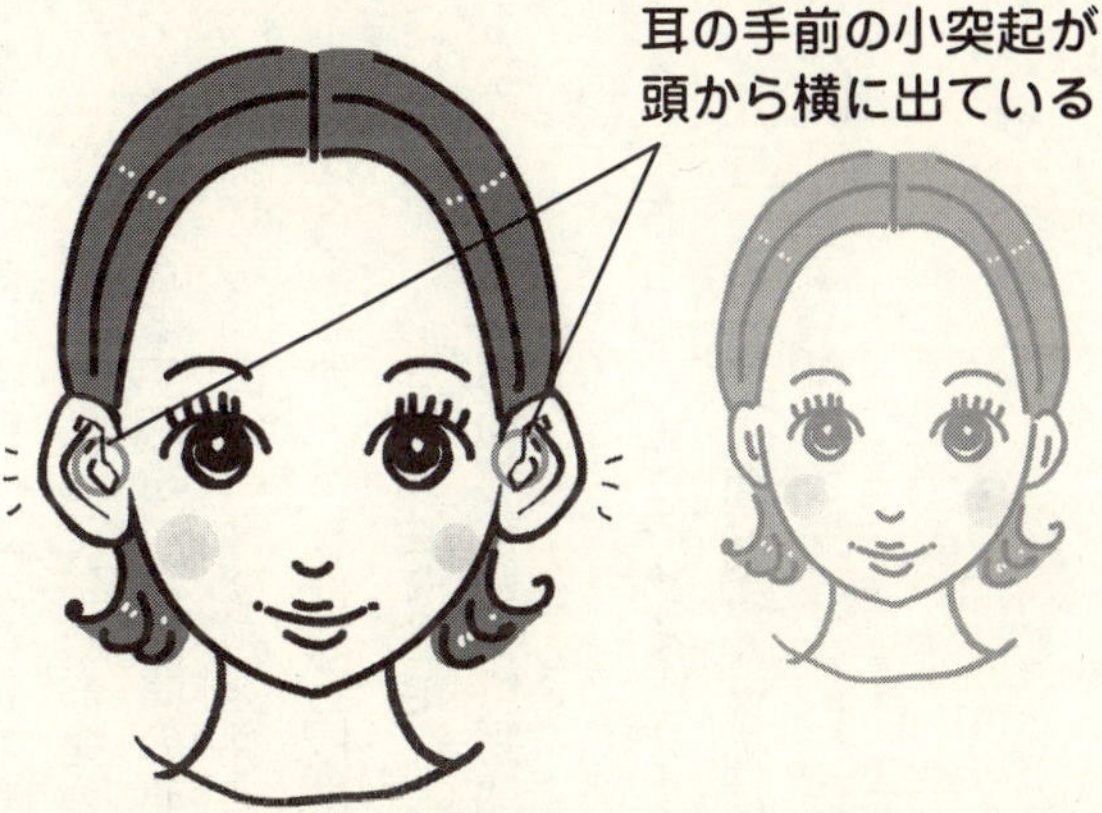

しかし、度を超すとプライベートな付き合いでは短所になります。というのも他人には自分の利益しか考えない自己中心的な人と見えるからです。このタイプの人は、財産を所有しているのと同じ感覚で、家族を所有しています。家族は財産なのです。家族や近親者にさえ、なかなかお金を出しません。資金が十分にあり、なくなることがないと分かっていても、この人たちがお金を手放すなんて考えにくいのです。将来の安全ばかりをケチくさく心配していて、

今この瞬間を楽しむためにお金を使うことができないのです。

自分が貯めこんでいるお金や物をもっと人に与えることを学ぶ必要があります。もっと人間の心に価値を置くことを学ばなければなりません。自分に喜びを提供するだけではなく、自分の配偶者や子供を含める他人にも喜びを提供するよう心がけてください。今を楽しんで、もっと自由に生きてください。未来を心配して、今の生活を萎縮《いしゅく》させるのではなく、瞬間瞬間内側から自発的にワクワクと生きてください。

もちろんお金は貯めるべきですが、もっと賢く投資する方法を学んで、決して人間関係を犠牲にすることがないようにしてください。愛は、利益を生むことを理解してください。

このタイプの人とうまく付き合う方法

お金絡みの案件で決断を必要とするときには、お金や物だけでなく、人の気持ちも考慮に入れなければならないことを思い出させてあげてください。特にその問題が家族など親密な人を含むのであれば。

例外

耳の手前の小突起が頭から横に出ているのに、気前がいい人を見かけることがあります。こういう人は、少数派ですがビジネスで成功する過程で、人間関係や人間の心の大切さを理解した人です。

この特徴を持つ有名人

春日俊彰《かすがとしあき》（オードリー）、楳図《うめず》かずお、丸山和也、松本康太（レギュラー）、桂小枝

感情の法則（３）

06 耳が後ろにある

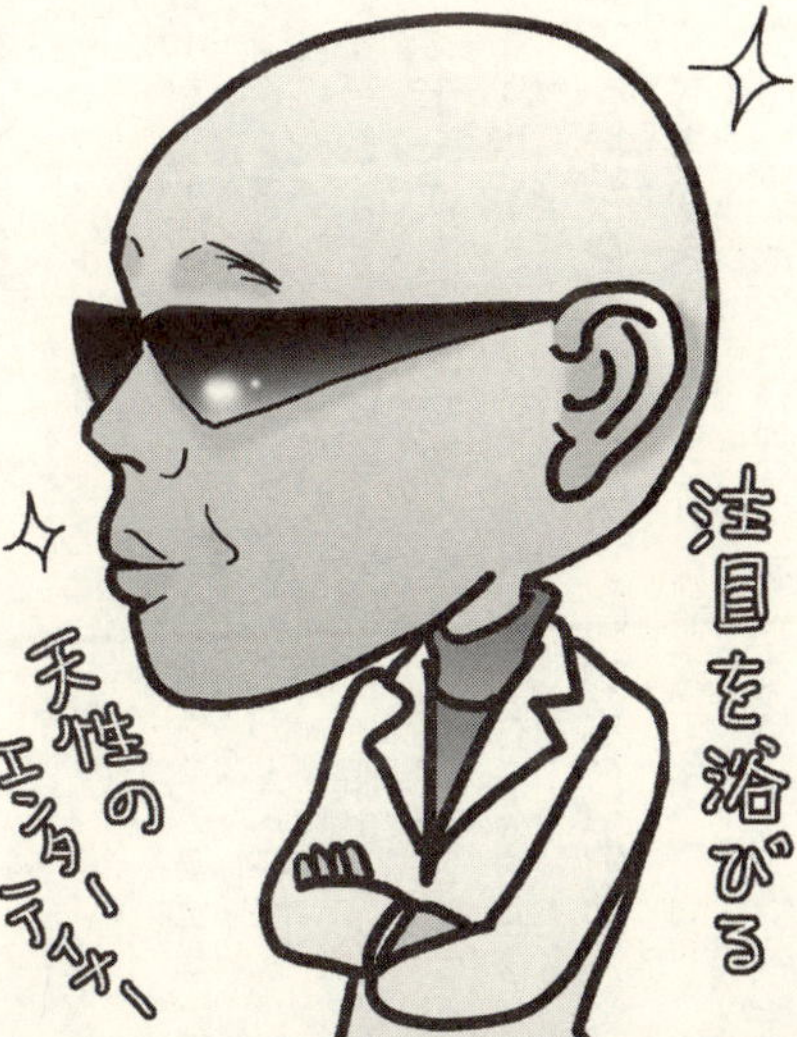

本質

耳が後ろにある人は、
一般的に
注目を浴びたがる人です。

性格や行動の特徴

耳が後ろにある人は、一般的に「注目を浴びたがる」人です。注目の的《まと》になっていると楽しいのです。この人たちは、リーダーになる特質を持っています。ダイナミックで、瞬時に速く前進します。いつも現在と未来に向けて物事を考えます。生き生きとしていて、聴衆をいつどのように楽しませるかを考えています。タイミングを計る鋭い感覚を持ち合わせていて、いつ舞台に上がり、いつステージ中央に行くべきかをきちっと計算できます。

赤ちゃんの耳は、とても後ろにあります。私たちの人生は「注目を浴びる」ことから始まると言っていいでしょう。赤ちゃんには、過去がないので耳は後ろにあるのです。赤ちゃんに自覚はありませ

耳が後ろにある

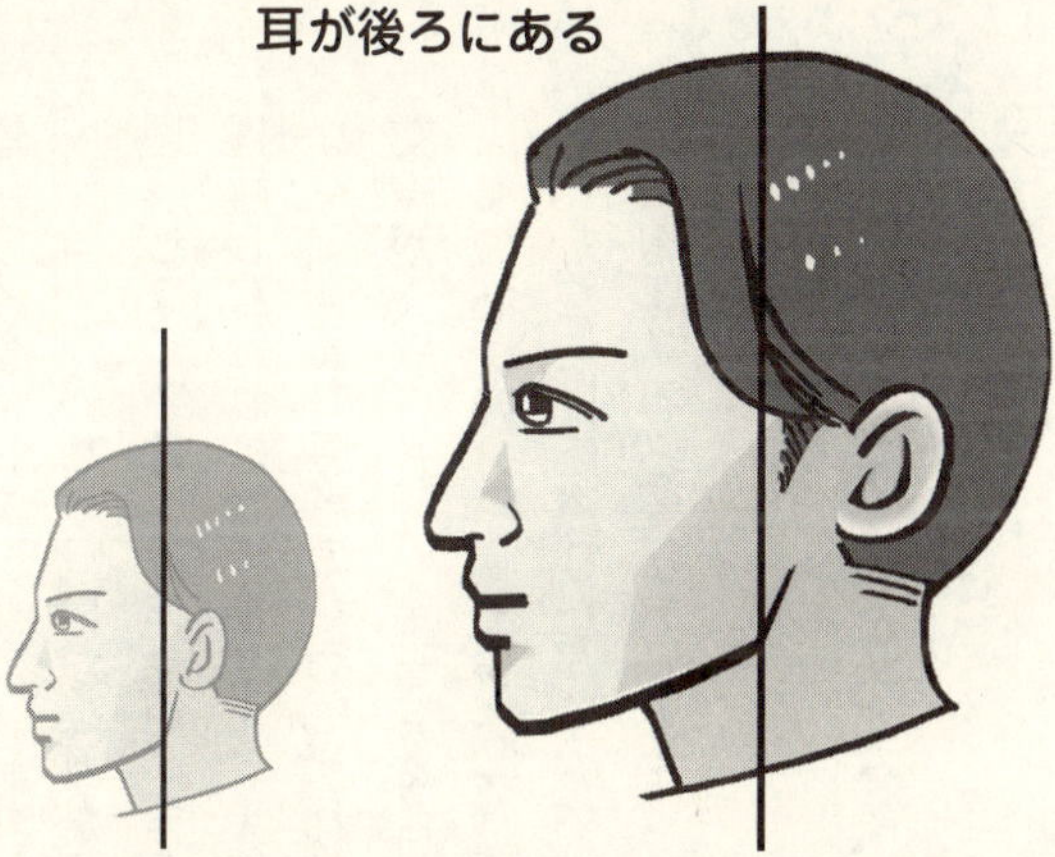

んが、気がつけば「注目を浴びる」言動を取っています。少しずつ人生経験を重ねるにつれて、過去の蓄積が増えて、耳の位置が前に移動していきます。

普通、人は過去の経験と未来の目標の両方を考慮しながら、日々暮らしていますが、このタイプの人の長所は、度が過ぎると短所になります。耳が後ろの人たちは、「舞台の中央でスポットライトに当たること」や「瞬間瞬間に他人にどのように見られるか」を気にかけすぎていて、エネルギーを無駄にする傾向にあります。見栄っ張りに見えます。ショーが終わり、幕が降りたら、一人のただの人間に戻ることを理解しなくてはいけません。自分だけが特別の存在ではないことを理解しなければなりません。大切なのは、その場で目立つことではなく、全員の恩恵のためにどれだけ業績を残せるかなのです。その業績が大きければ、恩恵を受けた人全員に感謝され、いつまでも人々の心に残り、真の意味で「注目を浴びる」ことができるのです。ただ注目を浴びたがるのではなく、人のお役に立てているかを常に確認する必要があります。

このタイプの人とうまく付き合う方法

このタイプの人たちのリーダーシップに拍手を送ってください。

その成功を共に祝ってください。リーダーであること以上に、その業績の価値の高さを評価してください。自分の功績だけでなく、他の仲間の功績をも称《たた》えようとしているその心づかいに大きな拍手を送ってください。

目立つだけでは、評価が下がることをさまざまな形で伝えてあげてください。関係者全員に恩恵をもたらした業績が素晴らしいがゆえに、今後も協力を惜しまないことを伝えてあげてください。

例外

耳が後ろにあるのに、目立たない人を見かけることがあります。多くの場合、人前で面目《めんぼく》が丸つぶれになるような恥ずかしい経験をして、仕返しをしたいという思いで煮えたぎっています。

この特徴を持つ有名人

サンプラザ中野くん、浜崎あゆみ、岡村隆史（ナインティナイン）、吉田美和（DREAMS COME TRUE）、道端アンジェリカ、藤あや子

感情の法則(4)

07 耳が下にある

欲しいモノは必ず手に入れる!
疲れを知らない仕事人☆

本質

耳が下にある人は、
一般的に
妥協できない性格です。

性格や行動の特徴

耳が下にある人は、一般的に妥協できない性格です。理想を追い求めて実現するまでやり抜く強烈な感情を持っています。完璧を心がける「疲れを知らない」仕事人です。この人たちは理想としていることを現実化する持続力を持っています。

赤ちゃんの耳は、とても下にあります。赤ちゃんにとって、いったん欲しいと思ったものは手に入れるまでだだをこねます。妥協できないのです。私たちの人生は、「妥協できない」から始まっていると言っていいでしょう。成長の過程で、いい意味でも悪い意味でも「妥協」が必要であることを学び、そのプロセスで耳の位置は少しずつ上に上がっていきます。自分の夢について理想を追い求めて

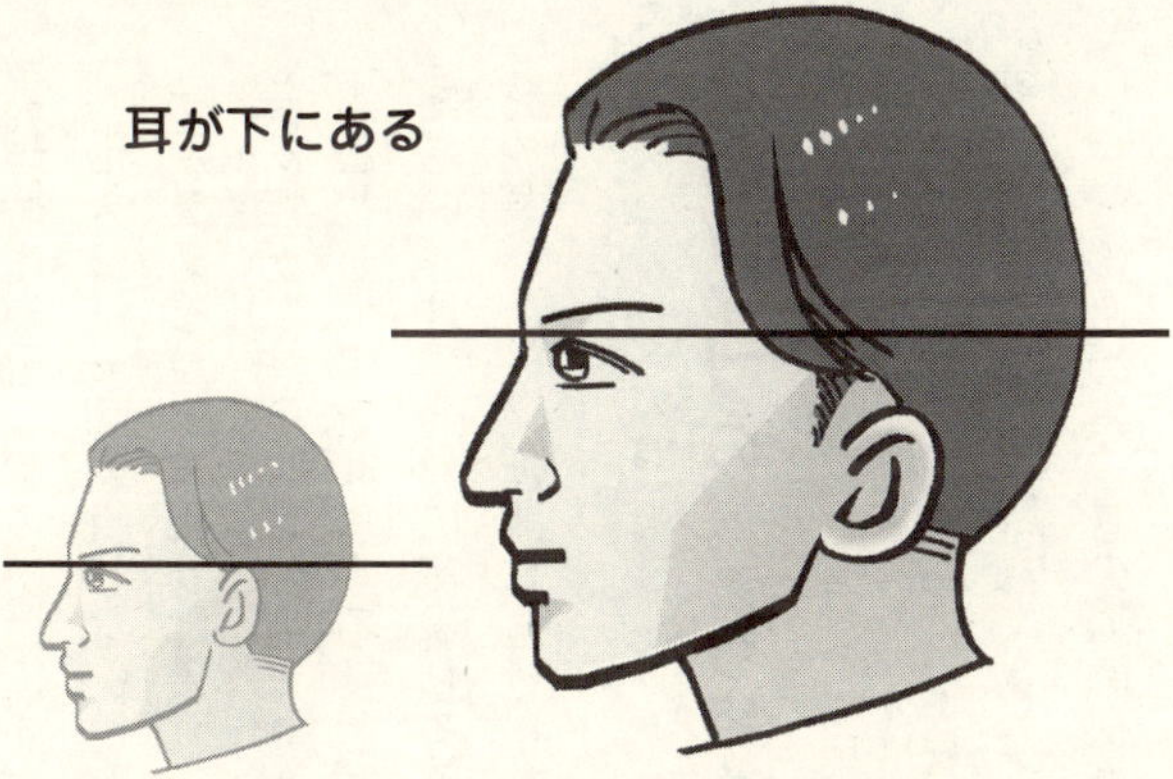

妥協をしないのは素晴らしいことですが、他人が絡むとなると大きな欠点ともなります。自分にも他人にも非現実的な理想を求め、理想に達しないときは、他人に厳しく当たり、憂鬱な気分になります。共に働く人は、たまったものではありません。誰一人完全な人はいないのですが、自分にも他人にも完全を求めて、実現しなくて落胆します。一歩一歩前進しては、お祝いをして喜び合える態度を身につければ、周りの人たちといい人間関係が築け、自分が求め

る理想にも近づいていけます。

他人には一切期待しないことを学ばなければなりません。今ある状況をあるがままに受け入れることが必要です。あるべき理想と現実の自分にギャップがあるのは、当たり前のことなのです。落胆することも他人を非難することもやめて、この瞬間全力を尽くしてください。理想通りに実現しそうにないからといって、今すべきことを放棄したり、延期したりしないでください。

このタイプの人とうまく付き合う方法

このタイプの人たちは、自分にも他人にも求める基準が高いのです。究極の目標に向かって一歩一歩前進する手伝いをしてください。そのために、この瞬間何を実現する必要があるのかを理解してもらうことが大切です。一歩前進するごとに一緒に祝ってあげましょう。最終目標に向かうためにも今の一歩が大切であることを伝えて、完璧だけを望んで今の一歩をおろそかにすることがないようにサポート役になるつもりでいてください。

例外

耳が下にあるのに現実的妥協をうまく図れている人を見かけることがあります。多くの場合、完璧が期待できず絶望しているのです。あるいは、完璧にたどりつけそうな夢を持つことができて、完璧を目指すプロセスの中の小さい事柄について、進んで妥協できているのです。

この特徴を持つ有名人

島田紳助、南こうせつ、桂文珍、やしきたかじん、立川《たてかわ》志《し》の輔《すけ》、松本幸四郎、筒井康隆

感情の法則(5)

08 眉と目の間隔が狭い

本質

眉と目の間隔が狭い人は、
一般的に
親しみやすい性格です。

性格や行動の特徴

眉と目の間隔が狭い人は、一般的に親しみやすい性格です。他人との心理的敷居が低く、気さくに誰とでも友達になることができます。友達間で上下の差別をつけません。みんな友達なのです。同性からも異性からも好かれます。瞬間瞬間、人を楽な気分にすることができて、誰とでもなじむことができます。

一般に日本人よりも欧米人に眉と目の間隔が狭い人が多く、その中でも女性よりも男性の方が多いです。欧米において「フランクな付き合い」をよしとする文化を築いてきたのは、彼らの眉と目の間隔の狭さが関係しています。日本においては、このフランクさはあこがれであると同時に、「なれなれしい」と受け取られて、反感を

買うことも多いでしょう。眉と目の間隔が広い東洋人は、「親しき仲にも礼儀あり」という儒教的文化を築いてきました。私たちは、西洋人の気楽な付き合いに慣れておらず、異性から友達として親しくされただけで「気があるに違いない」と錯覚してしまうのです。
　眉と目の間隔が狭い人は、その親しみやすい素晴らしい性格をお持ちなのですが、日本においては さまざまな誤解を招くので、他人との距離感をつかめないで悩む人が多いようです。また誰とでも気

さくに付き合うので、貴重な時間を浅い付き合いにも割くことになり、時間を無駄にする傾向があります。

深い付き合いができる親友を持ちにくい傾向にあります。楽しい雰囲気を大切にしたくて他人の好みに合わせすぎてしまう傾向も持っています。人や時間を有効に使うことを学ばなければなりません。その場がただ楽しいだけで終わるのではなく、各瞬間が特定の目標に向かっていることを意識すべきです。礼節をわきまえて、堅苦しい場面では礼儀正しく振る舞えることを誇りに思えるようになっていただきたいものです。

このタイプの人とうまく付き合う方法

このタイプの人と友達になってください。気さくで楽しい友達付き合いができます。堅苦しい付き合いを嫌がりますから、最初から気楽に接してください。ただし、この人には、たくさんの友達がいることを知っておいてください。

自分だけが、特別の親友だと思い込むとトラブルが起こります。あなたのことを友達として好きであるかもしれませんが、恋愛感情を抱いているわけではないのです。永続的な付き合いを求めると相手は引くでしょう。

例外

眉と目の間隔が狭いのに、よそよそしい人を見かけます。多くの場合、友達として気楽に付き合おうとして、誤解されて、人との心理的距離感をどう取っていいのか分からなくなっているのです。

この特徴を持つ有名人

トム・クルーズ、平井堅、布施明、ジョージ・クルーニー、ジョニー・デップ、草刈正雄

感情の法則(6)

09 眉の形が逆ハの字

本質

眉の形が逆ハの字になっている人は、
一般的に華やかに
表現したがる傾向にあります。

性格や行動の特徴

眉の形が逆ハの字になっている人は、一般的に華やかに表現したがる傾向にあります。派手なパフォーマンスを行います。ものまねをしたり、大袈裟《おおげさ》に体を動かしたり、メロディーをつけたり、大きく泣いたり笑ったり、流れるように手を動かしたり、とにかくベストな効果を狙って、自分の個性を鮮やかに表現します。その瞬間のムードを感じて、場の雰囲気を盛り上げます。見るからに生き生きと周りを盛り上げるのです。

ちょっと想像してください。主役となって舞台の中央で目をぱっちり開けるとき、背筋を伸ばし、胸を張って眉のどこを動かしているでしょうか？　眉の外側を上に上げようとするはずです。眉の形

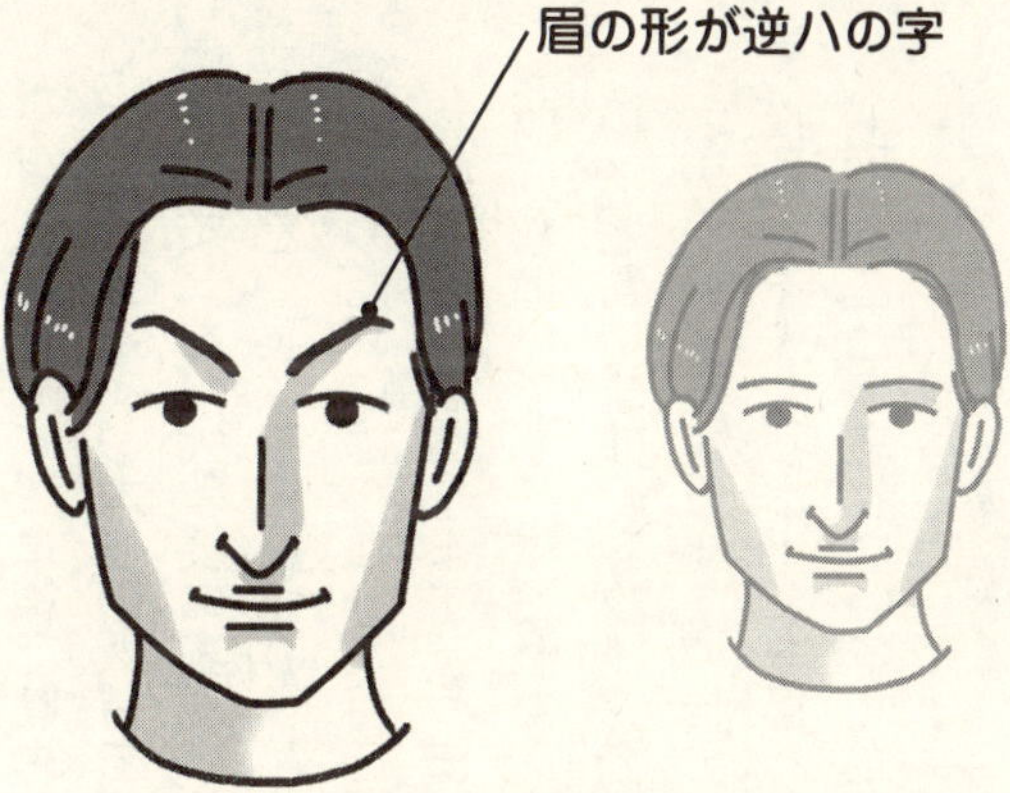

が逆ハの字になっている人は、遺伝的に（宿命的に）環境的に（運命的に）華やかで目立つことが、自然に行えるようにできているのです。人生の多くの場合において、これは長所となります。

しかし、「出る杭《くい》は打たれる」という言葉が日本にはあります。華やかで目立つ人を妬む人が必ず現れて、足を引っ張られます。それがために、目立つのがいやになるかもしれません。

しかし、「自分は華やかでいることが自分らしい」ことを覚えておくことが大切です。欠点としては、時として、感情表現が大袈裟すぎることです。単純で簡単なことでも大袈裟に表現するので、周囲は驚きます。本当の気持ちであっても、嘘に違いないと勘違いされます。ただ大袈裟に表現するのではなくて、自分の役割を理解した上で、演じてください。どうかいい役者になってください。

そのためには、自分が何を期待されているのかを知るために時間を取る必要があります。うまく演じるには、全体を見渡さなければいけないのです。すぐれたスターの裏には、優秀なマネージャーがいると言います。スターの階段を登りつめるには、裏でサポートする人が必要となります。自分一人で華やかに演じるだけではなく、信頼する人のサポートを得るために関係者とのいい人間関係を築き上げることを忘れないでください。

このタイプの人とうまく付き合う方法

このタイプの人の華やかな振る舞いに喝采してください。決して足を引っ張ろうとはしないでください。しかし、表現がただ大袈裟なだけで中身がないものなら、置かれている立場や役割を教えてあげてください。あなた自身が目立ちたい場合には、その場にふさわしい時と場所を選ぶようにしましょう。

例外

逆ハの字の眉の形を持っているのに、いつも目立たない振る舞いをする人を見かけます。多くの場合、目立つことで足を引っ張られるなど、いやな経験をしてきた過去を持っています。

この特徴を持つ有名人

氷川きよし、天童よしみ、飯島直子、深田恭子、押切もえ、柴咲コウ、田中麗奈《れな》

10

感情の法則（7）

眉山が尖《とが》っている

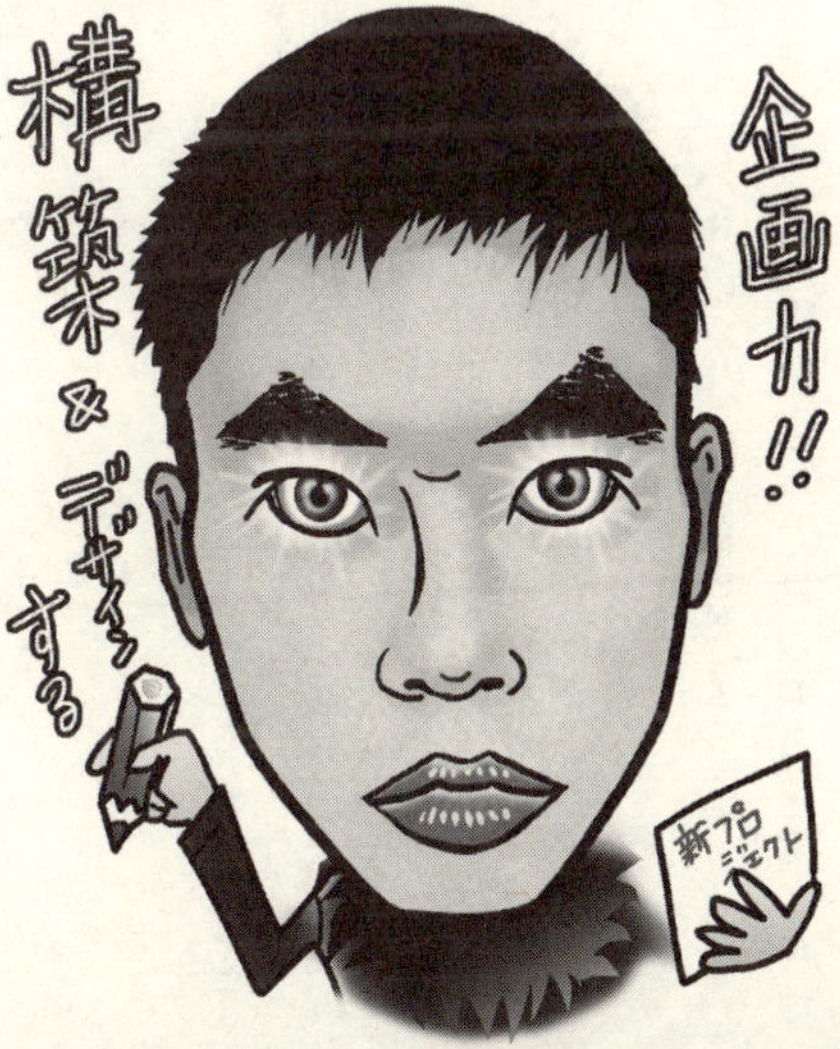

本質

眉山が尖っている人は、
一般的にしっかり企画を立てて
実現に向かいます。

性格や行動の特徴

眉山が尖っている人は、一般的にしっかり企画を立てて実現に向かいます。何かをデザインしたい、物事を構築したいという思いを持つのです。各パーツを組み合わせて、一つの作品を作り上げる衝動を持つのです。それは、仕事に限らず、人間関係の構築も含みます。自分のアイデアの最終形を頭に思い描き、完成まで作業を続けようとします。

眉山が尖っている人は、組織を構築するポジションでは優秀です。各セクションの質と組織全体の質の両方を感じ取って、理想の組織を構築しようと考えます。新しいプロジェクトを方向づけたり、デザインするときに能力を発揮し、その実現のためにベストを

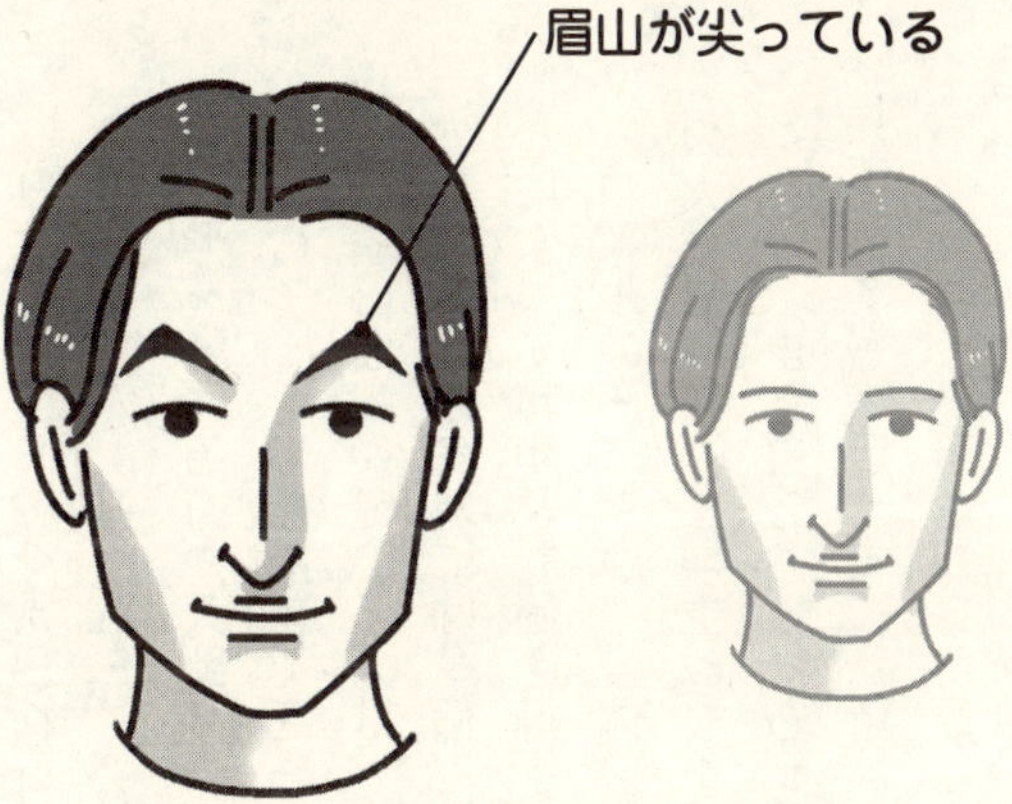

尽くします。時間が許す限り、ベストを尽くしますが、目標以下だとがっかりして落ち込むのです。目標に到達した完成物を手にしてうっとり眺めて初めて、ベストを尽くせたと感じます。

仕事人としては、とても優秀ですが、付き合いにくい側面を持ちます。自分のイメージ、自分のビジョンにこだわりがあり、他人のビジョンに興味を示さないので人付き合いが下手で、衝突する傾向にあります。落語家など、自分の理想イメージ通りに自分一人で実現できる職業の人にこの眉は多く見られます。

日本人男性に多く見られる眉の形です。日本女性にもこの眉をお持ちの人がいらっしゃるのですが、美的理由で、眉山の部分を剃《そ》り、形を整える方が大部分のようです。これは、貴重な才能を表す眉なので、その才能までをも剃り落とさないでいただきたいものです。眉山が尖っている人は、責任あるポジションにつくことが多いので、計画の実現には準備と準備のための学習が必要です。そのことによって報酬と評価を得るのです。

パズルの一コマが、全体の中で占める位置を理解できたなら、この人たちは優秀な学生となってその一コマを学び始めます。この人たちは、また自分の人生もデザインしようとするので、物質的に利益を得ても満足せずに、精神的充足を求めて、人生すべての面でぴったり合う場所を知りたがります。

このタイプの人とうまく付き合う方法

企画の実現のために一人だけの時間を必要とするのがこのタイプです。決して邪魔をしないようにしてあげてください。また、この方の夢の実現に加わるのであれば、じっくり話を聞いて、不明な点は話し合うことが大切です。

自分のビジョンをこのタイプの人たちにぶつけるのは、厳禁です。相手は喧嘩腰《けんかごし》に自説を主張することでしょう。

例外

眉山が尖っているのに、目標の実現に向かっていない人を見かけます。多くの場合、与えられた仕事や課題にデザインの構築作業が含まれていずに、創造意欲がかきたてられなくて絶望しているのです。

この特徴を持つ有名人

太田光（爆笑問題）、麻生太郎、いっこく堂、今田耕司、月亭八方

感情の法則（8）

11 目と目の間隔が広い

本質

目と目の間隔が広い人は、
一般的に小さいことを
あまり気にしません。

性格や行動の特徴

目と目の間隔が広い人は、一般的に小さいことをあまり気にしません。おおらかで付き合いやすい人です。寛容なものの見方が長所で、広い分野を扱ったり、全体像を見るのを得意とします。その目の配置から細かいものを見るのに適していません。何事も大きく見るのです。

大きな計画を立てることができます。感情的にならずに人と接することができて、人を差別することが少ないのです。「大目に見る」という表現は、この目と目の間隔の大きさからきています。この人たちはすべてにおいて、大雑把で、大まかで、鷹揚《おうよう》で、おおらかな人と見られます。

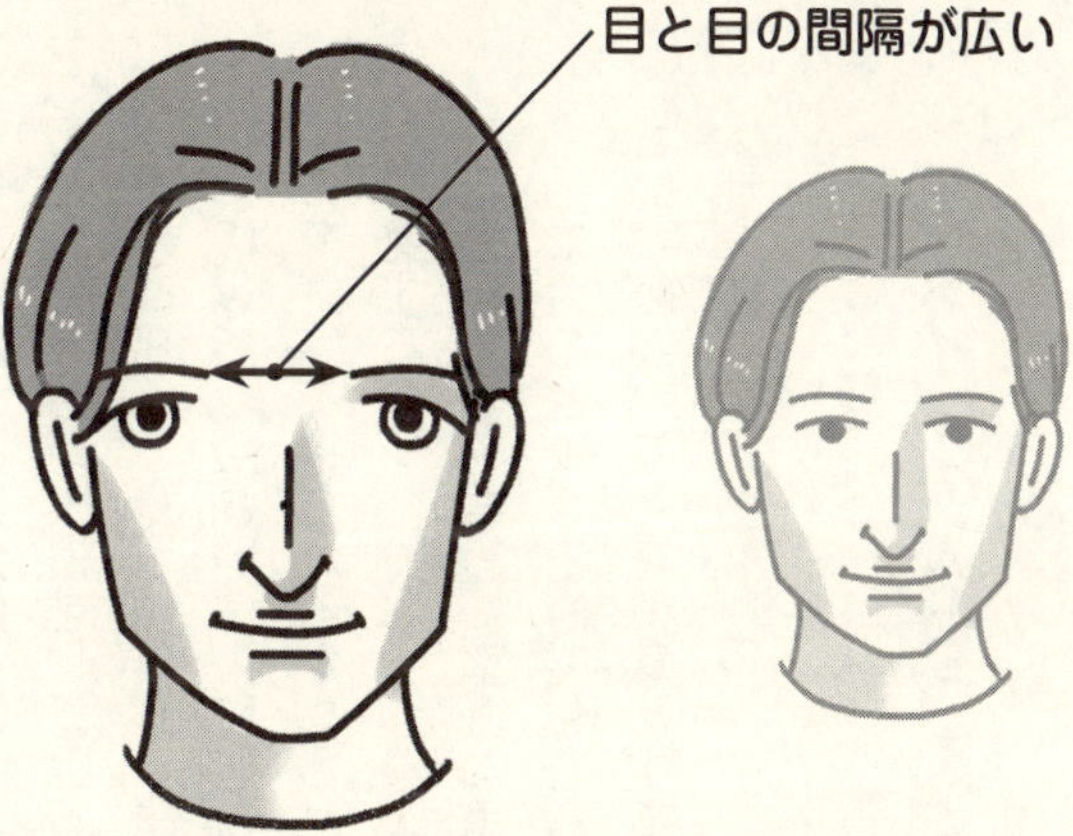

赤ちゃんの目と目の間隔はとても広いです。私たちの人生は、「大目に見る」ことからスタートすると言えます。成長する過程で、細部を正確に見る必要性が高まり、少しずつ目と目の間隔は狭くなっていきます。

目と目の間隔が広い人は、細かいことを見る分野を不得手とします。遅刻をしたり、締切を守らないことがよくあります。物事を先延ばしする傾向があります。仕事は完遂させなければ意味がありませんが、「いつかは、実現するつもりなんだ」と自分に言い聞かせるだけで、のんびりと構え、実行を遅らせ、結局大損をして困ることになります。

言うは易《やす》く、行うは難《かた》し。まず自分を奮い立たせて、今すぐに実行に移してください。人に悪口を言われても、その場では反発しないので好感を持たれるかもしれませんが、それが重なったときに突然爆発するので、おおらかな人のイメージが崩れます。爆発するまで我慢しないで早めに率直な思いを伝える必要があります。

手に余ると少しでも感じたら、すぐに対処する習慣をつけてください。細かいことを得意とする仲間や部下のサポートを得ることが大切です。

このタイプの人とうまく付き合う方法

このタイプの人には、細かい指示を与えることが大切です。いつまでに、何をどのようにしなければならないのかを明確に伝えてください。するべきことは、期限までにしなければいけないことを理解してもらってください。

そのためには、ただ考えているのではなく、実行が必要だということを。積極的に行動に移して初めて、望ましい成果を生み出すことができるのです。こうすると仕事は迅速になされて、全体像を眺めているうちに忘れることもなくなります。

例外

目と目の間隔が広いのに「時間厳守」の人を見かけます。多くの場合、会社員を父親に持つ家庭で育ち、小さいときから厳しくしつけられてきた人が多いです。「広い視野」の長所を失っていない場合には、社会人としてバランスが取れた有能な人になります。

この特徴を持つ有名人

勝間和代、研ナオコ、山田花子、ハイヒールモモコ、テリー伊藤

12 感情の法則(9)

黒目が大きい

本質

黒目が大きい人は、
一般的に感情を表現していると
生き生きする傾向にあります。

性格や行動の特徴

黒目の大きい人は、一般的に感情を表現していると生き生きする傾向にあります。どんな感情であれ、感情を表現することは、この人の得意とするところです。愛情や感謝や尊敬の念を表現するときに、この特徴は役に立ちます。

赤ちゃんは、一般に約90%が黒目です。外から光を感受すると同時に感情も感受します。そして自分の感情をいっぱい表現します。黒目は心の窓だと言われる所以《ゆえん》です。しかし、目に飛び込んでくる光や感情が快いものばかりとは限らないので、成長の過程で、自分の感情表現を抑えていき、少しずつ黒目を小さくしていきます。

黒目の大きい人は、感情の交流が行われる場所と時間を選ぶよう

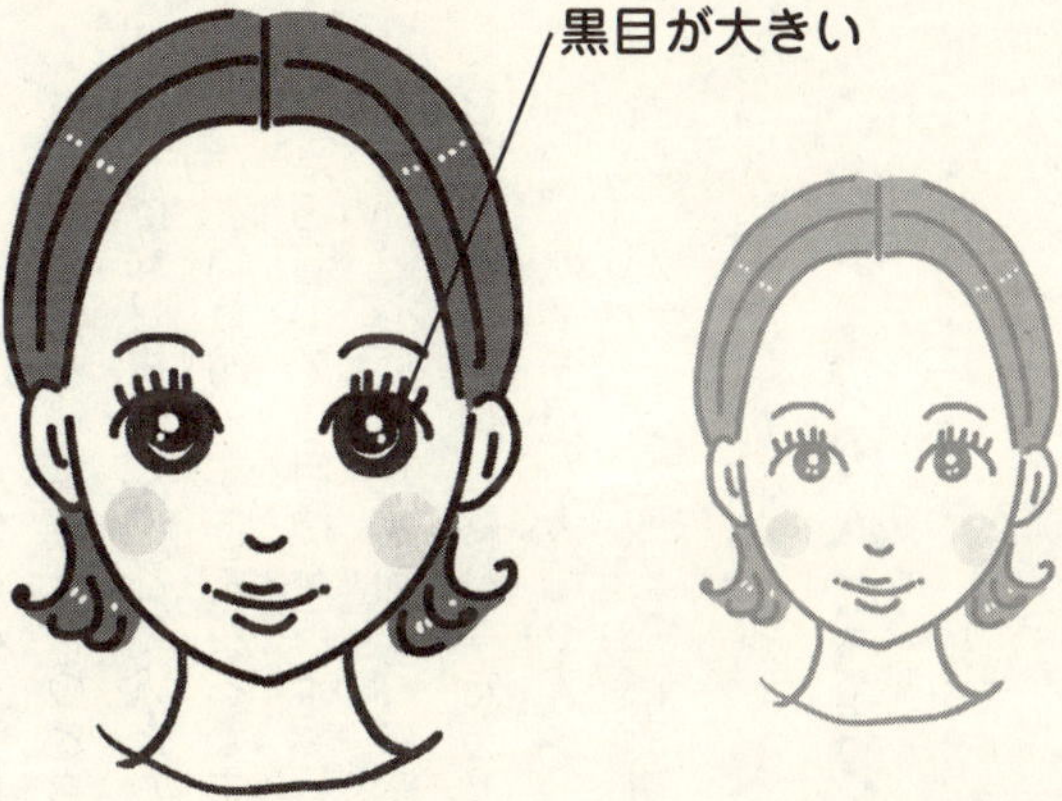

にすることが大切です。堅苦しい場所にいなければならない場合には、控えめにして時が過ぎ去るのを待ちましょう。黒目の大きい人は、否定的な感情でも、感情でさえあれば反応するという欠点を持ち合わせています。ストレスいっぱいの友人に同情をして、相手の否定的感情を感受して、苦しんだりします。感情表現をしたいばかりに、事実を捻《ね》じ曲げてもいいから、話を面白くしようとしてしまい、人の信頼を失うのも黒目の大きい人によくあることなのです。

ポジティブな感情のみを受け取り表現するように気をつけなければなりません。実務を行うときには、感情を脇に置くことを学ばなければなりません。この人たちは、感情のコントロールができない人だという印象を与えがちです。

落ち着いて、目標を再確認してください。客観的に物事を見てください。必要なことをすぐに実行に移してください。達成できた喜びを素直に表現し終わったら、ポジティブな目標に早く戻ってください。感情表現も大切ですが、現実的作業も大切です。両者を補い合い、バランスを取ることで豊かな人生を送ることができます。

このタイプの人とうまく付き合う方法

もし、職場にこのタイプの人がいたら、実務的なことを任せないようにすべきです。感情表現自体が仕事である芸能人などの場合を除いて、仕事上では能率を期待しないで、明るい雰囲気作りに一役買っていることを評価してください。

しかし、プライベートでは、心の交流ができるとても楽しい方である可能性が高いです。どうか感情が表現できる環境をプレゼントしてあげてください。ただし、ストレス下では否定的な感情も強く表現しますから、この人たちの気分を害さないように気を配ることはとても大切です。

例外

黒目が大きいのに、感情を生き生きと表現していない人を見かけます。多くの場合、その場の環境（あるいは育った家庭環境）が、堅苦しくて感情を表現できないでいるのです。

この特徴を持つ有名人

滝川クリステル、堀北真希、中川翔子、深田恭子、小西真奈美、ギャル曽根、加藤清史郎

本能的行動の法則(1)

13 耳下の顎《あご》から口下の顎までの角度が急

本質

耳下の顎から口下の顎までの角度が急な人は、一般的にストレスをかけると「ノー」と言う傾向にあります。

性格や行動の特徴

耳下の顎から口下の顎までの角度が急な人は、一般的にストレスをかけると「ノー」と言う傾向にあります。理不尽な扱いを受けそうになったときには、「ノー」と言う必要があります。明らかに不利益となる応対に抗議するときに、この特徴は役に立ちます。プレッシャーをかけられたときに、強く応じることができます。

耳下の顎から口下の顎までの角度が急な赤ちゃんは存在しません。私たちの人生は、「イエス」と言うことから始まると言えるでしょう。しかし、成長の過程で、ストレス下で「ノー」と言う必要があることを学びます。プレッシャーがかかると、不要に「ノー」と言う欠点もありますので気をつけてください。プレッシャーの中

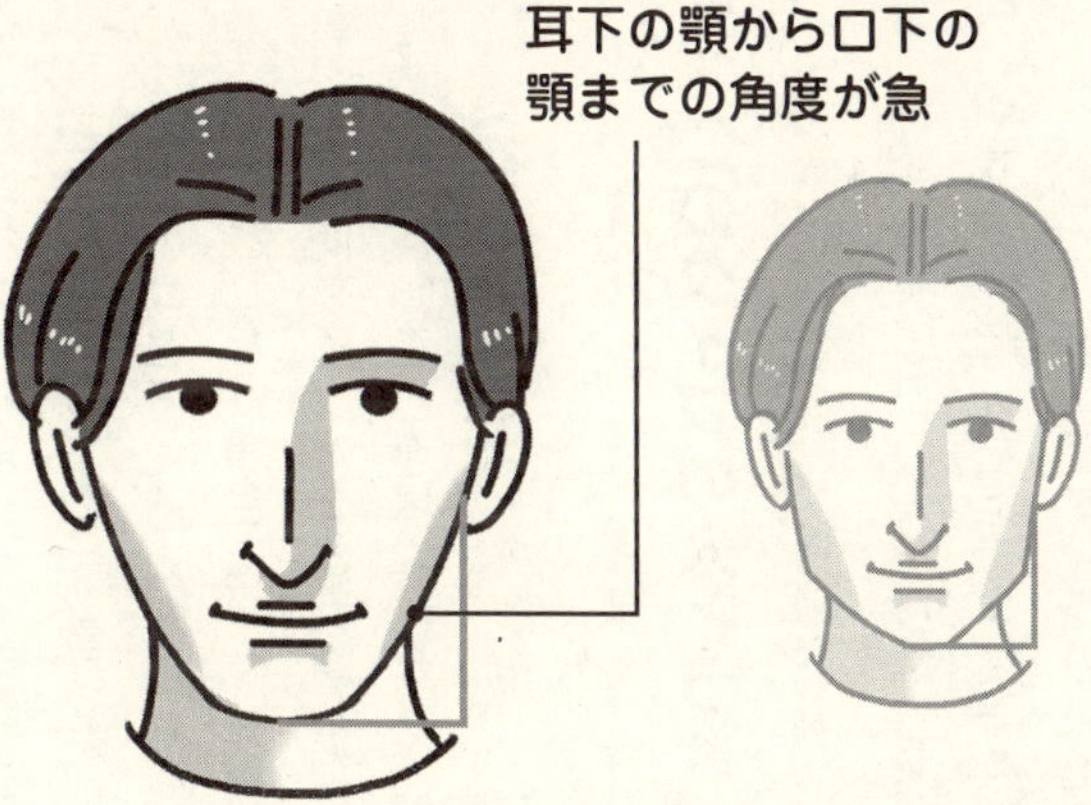

には、ポジティブなプレッシャーや成長に役立つプレッシャーもあることを覚えておく必要があります。命令がポジティブなこともあります。命令されるのがいやだというだけで「ノー」と拒絶していては大きく損をすることになるのです。せっかく手助けしたくても、この人たちの変化を拒む頑《かたく》なな態度が、手助けしたい人の気持ちをくじくことも多々あります。

耳下の顎から口下の顎までの角度が急な人は、自分の特徴をよい目的のために利用する方法を学ばなければなりません。さもなければ他人に利用されます。「どうせこの人は、『ノー』と言うわけだから、ノーと言わせてひと儲けしよう！」と考える人が現れるのです。「ノー」と言いたくなる抵抗感がどれだけ湧き上がるにしても、この状況下で自分の目的は何かを自問して、必要と判断したら「イエス」と言うことを学びましょう。いいことを提案されたときには、「イエス」と応答する習慣をつけましょう。

このタイプの人とうまく付き合う方法

このタイプの人たちは、ストレス下で「ノー」と言う傾向にあることを理解した上で、結論を急がせるようなプレッシャーをかけないことが大切です。この人たちも、ゆっくり落ち着いて考えることができれば、不用意に「ノー」と反応することはないのですから。「ノー」が不利益とならないように、応答する前に状況を観察する機会を提供してあげてください。忍耐強く「ノー」以外のさまざまな選択肢について考える手助けをしてあげてください。静かに状況を伝えて、シンプルな質問で何が正しくて、何が間違っているかの理解を助けてあげてください。

例外

耳下の顎から口下の顎までの角度が急なのに、「イエス」と応答する人を見かけます。この特徴は、ストレス下で顕現するので、ストレスのない状態では、冷静に「イエス」「ノー」の判断ができます。

この特徴を持つ有名人

江角マキコ、仲間由紀恵、黒木メイサ、和田アキ子、市川海老蔵

本能的行動の法則(2)

14 えらが張っている

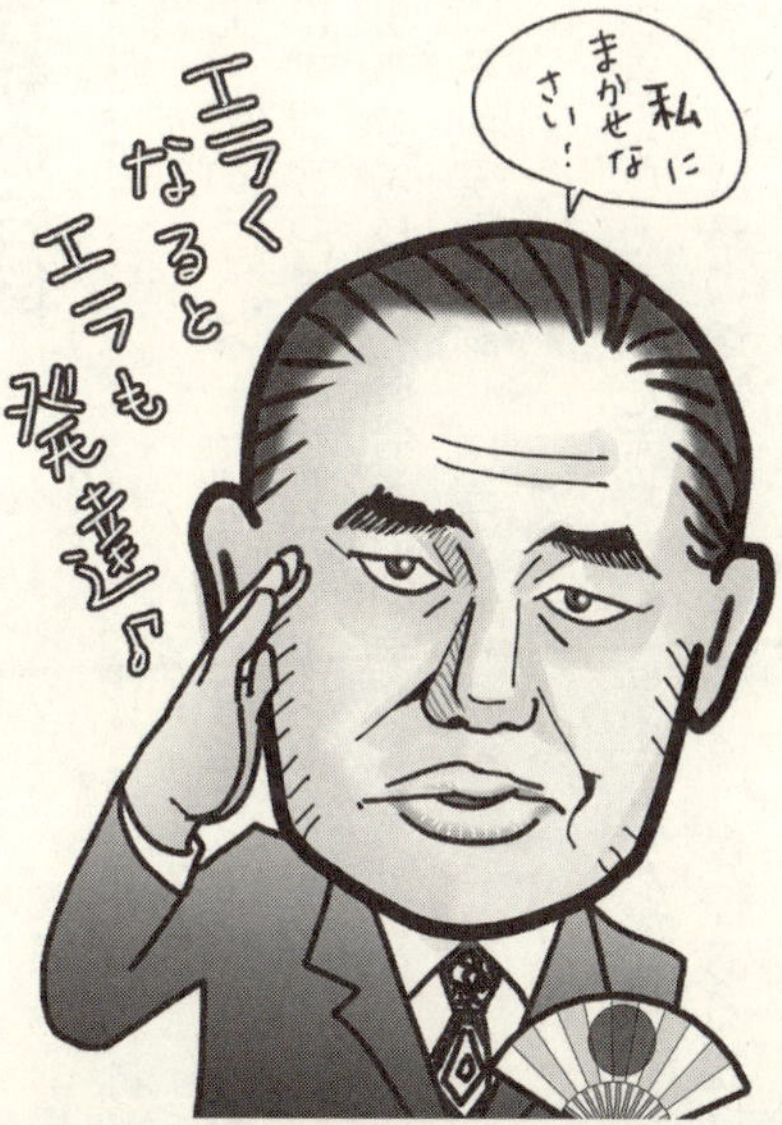

本質

えらが張っている人は、
一般的に
責任者タイプです。

性格や行動の特徴

えらが張っている人は、一般的に責任者タイプです。権威者のように話します。きっぱりと話すのです。まるで命令しているかのように響きます。えらは、命令者の印象を与えます。うまくやれることならいっそう堂々と話し、言葉通り行動できたとき、より権威的に見えます。

生まれつきえらの張った赤ちゃんはいません。遺伝的に（宿命として）あるいは成長の過程で（運命として）責任ある立場を経験する中で「権威的な話し方をする必要性」から、えらが張ってきます。どうか仕事上で、権威ある立場に立ってその能力を発揮してください。その権威的な風貌や声は、命令する場面では際立った財産

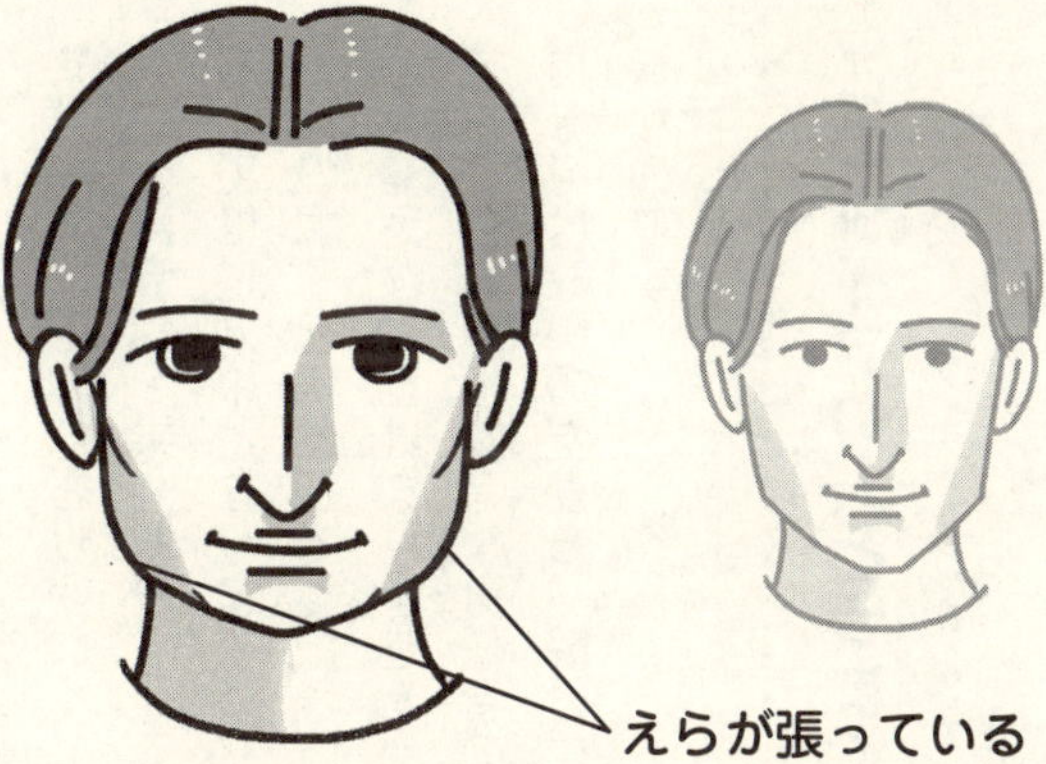

です。周りの人たちは、そのようなきっぱりとした断定的な話し方をする人を尊敬するでしょう！

人々は、権威者、責任者として受け入れます。その断定的な話し方が権威者に仕立て上げているのです。しかし、えらが張っている人は、威厳のある印象を与えると同時に、不快感をも与えます。その人が責任者なら許せますが、その人が責任者でないときには、人をイライラさせるのです。なぜそんなに偉そうな話し方をするのか理解できないのです。

その断定的な話し方は、会話を台無しにし、人を不快にさせます。本人にそのつもりがなくても、不快感を与えるのです。必要もないのに会話を乗っ取り、偉そうな態度に映り、よい人間関係を作る上では逆効果となります。

声の調子を落としてください。温かくて静かな声の調子で話すことを覚えなければなりません。その話し方ゆえに誤解されているのです。自分が権威者・責任者の立場でないときには、話題の中心が自分ではないのだから、静かに話を聞く側に回り、声を和らげるべきなのです。

このタイプの人とうまく付き合う方法

きっぱりとしたしゃべり方をしているからといって、このタイプの人が、責任者であるわけでも権威者であるわけでもありません。その話し方に惑わされてはいけません。よく話を聞いて、本当に責任者なのか、何についての権威者なのかを確認してください。

このタイプの人たちは、偉そうにしたいわけではなく、自然なしゃべり方が偉そうな印象を与えているだけなのです。その人が本当に責任者であるときには、話を注意深く聞いてください。

例外

えらが張っているのに、威厳がないどころか怯《おび》えている人を見かけます。多くの場合、強そうに見えるだけで、実際に強いとは限らないので、対処できないほどの脅威に直面することには不慣れな分、恐怖におののくことになるのです。

この特徴を持つ有名人

田中角栄、オードリー・ヘップバーン、亀井静香、片桐はいり、アンジェリーナ・ジョリー、光浦靖子、しずちゃん（南海キャンディーズ）、熊田曜子

本能的行動の法則（3）

15 顎《あご》先が横に膨《ふく》らんでいる

本質

顎先が横に膨らんでいる人は、
一般的に
好戦的になる傾向があります。

性格や行動の特徴

顎先が横に膨らんでいる人は、一般的に好戦的になる傾向があります。理不尽な待遇に遭ったときなど、私たちは戦わなければならない場合があります。そのようなときに、毅然《きぜん》と戦える強さ、好戦的性格をこの人たちは持っています。

悪に向かって立ち向かい敢然と戦う姿は、多くの人のあこがれの的です。どうかストレス社会を生き抜くためにこの好戦的性格を活かしてください。腕力以外の戦いもあります。言葉やアイデア等どんな手段を使ってもいいから、ベストな武器を使って理不尽な敵に勝利してください。

生まれつき下顎が張っている赤ちゃんはいません。動物から人類

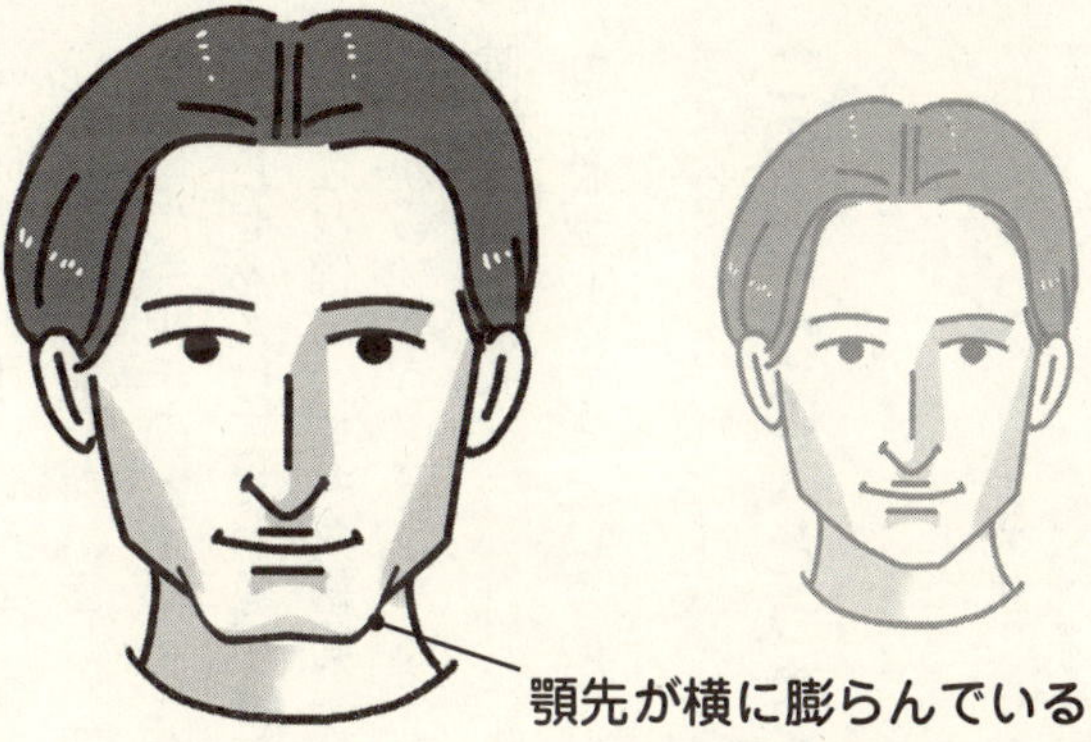

の進化の過程において、人間は肉体よりも頭を使うようになり、下顎は退化してきました。しかし、生存競争に打ち勝つために、この膨らんだ下顎が役に立つことは今も変わりません。「顎で人を使う」ことができる強さを持っているのは、この人たちなのです。

顎先が横に膨らんでいる人は、必要以上に喧嘩をする傾向にあります。少しでも圧力をかけられたら、いい言い訳ができたと思って、出向いて行って喧嘩を始めます。ちょっとしたことに対しても正当防衛だと思い込んで、無駄な争いを始めます。多くの場合、戦いは解決にはならないことを理解する必要があります。こぶしを振り上げても相手の考えや意見が変わるわけではありません。ただ、怖がらせるだけで終わる可能性が高いのです。その場の「戦闘」で勝つことはあっても、結局「戦争」に負けることになるのです。

しかし、戦う必要があるときには、敢然と戦ってください。その喧嘩が正しいかどうかは、「正義」かどうかです。自分が傷ついたから仕返しをするというのでは、戦いの正当な理由になりません。

このタイプの人とうまく付き合う方法

このタイプの人たちは、いつでも戦う気でいる人だということを理解しておいてください。相手が喧嘩腰で話してきても、あなたの側に妥協する気はないことをきっぱりと、しかし冷静に知らせることが大切です。

言い争うのではなく、話し合うことでお互いが満足する結果が得られる提案を出して、問題解決に向けて、どんなアクションを取るべきかを一緒に考えて同意に至る努力を心がけましょう。

例外

下顎が横に膨らんでいるのに、怯えている人を見かけます。多くの場合、強く見えるからといって、本当に強いとは限らないので、そこに大きな誤解が生じます。対処しきれないくらいに強い人や恐ろしい状況に直面すると、なすすべがなくて絶望するのはこの人たちも同様なのです。

この特徴を持つ有名人

長渕剛、松田優作、梅宮辰夫、哀川翔、渡哲也、舘《たち》ひろし、矢沢永吉、亀田興毅、ブルース・リー

本能的行動の法則（4）

16 下顎《したあご》先がおでこより前に出ている

本質

下顎先がおでこより前に出ている人は、
一般的に握ったら離さない強さを
持つ傾向があります。

性格や行動の特徴

下顎先がおでこより前に出ている人は、一般的に握ったら離さない強さを持つ傾向があります。いいものをしっかり握って離さない強さは、長所となります。正しい人、正しい選択、正しい道を見つけたら、そこにしがみつくときには役立ちます。

「顎」は、強さを表します。私たち人間は哺乳類《ほにゆうるい》で、爬虫類《はちゆうるい》から進化していますが、顎がしっかり張っている動物は、強そうに見えますし、実際に強いのです。赤ちゃんの顎は丸みを帯びていて、親の世話なしには存在できない弱い存在です。成長する過程で少しずつ「強さ」を身につけていきます。その中で、顎のさまざまな個所が出っ張ってくるのです。

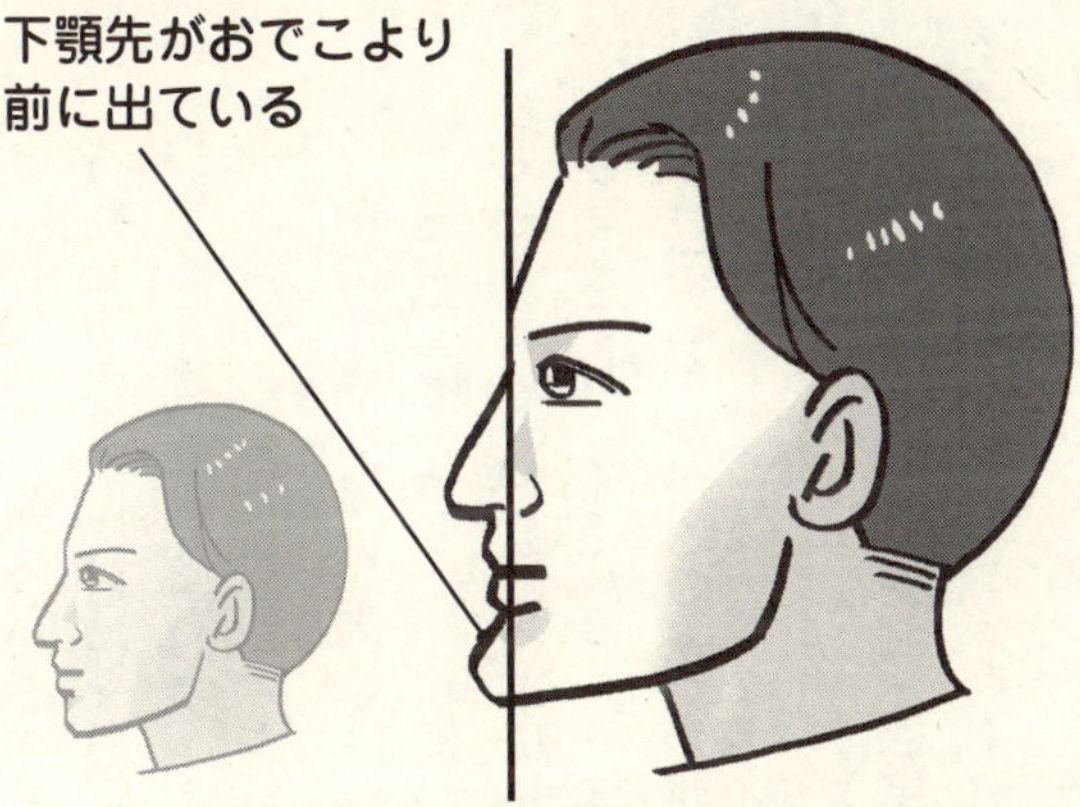

しかし、その下顎にも欠点があります。悪いものや不利益なものも握ったら離さないのです。「決して読まないと分かっている古い雑誌を捨てられない」とか、「昔の恋人のことが忘れられない」といった「役に立たない執着」も下顎の反応です。どうか「握って離さない強さ」を「いいもの」に使ってください。もし、何か悪いことに執着してしまって、逃れられそうにないなら、環境を変えてください。旅に出るとか引っ越しをするとか、環境を変えて、気分を

変え、いいものに出会うきっかけを作ってください。新しい環境にチャレンジするときなど、行動を始める前に目標を設定してください。望むゴールをイメージすべきなのです。その目標が、ポジティブであることをしっかり確認してください。そして、その目標を絵に描いて、部屋のどこかに張っておいてください。途中で躓《つまず》きそうになれば、その目標を思い出してください。いつまでも悪い人や悪い物事に執着しないで、手放すべきときをしっかり考えておいてください。事故が起こる前にブレーキを踏む習慣をつけることが、この人たちが幸せになる鍵です。

このタイプの人とうまく付き合う方法

このタイプの人の目的や目標を語ってもらってください。その目標がいいもので、あなたの関係者全員にとって興味が持てるものなら、サポートしてあげてください。悪い考えに取りつかれているようなら、その目標を変えなければならない理由を伝えてください。もし、強情にも自分の考えに執着し続けるようなら、愚かさに気がつくまで見守ってあげて、時には縁を切ることも必要です。

例外

下顎先がおでこより前に出ているのに、握ったら離さない強さが出ていないように見える人に出会います。しかし、よく観察すると、いい意味での「こだわり」や悪い意味での「執着」を多かれ少なかれ必ず持っています。

この特徴を持つ有名人

アントニオ猪木、綾瀬はるか、ジュリア・ロバーツ、牧瀬里穂、荒川静香、あご勇、山田邦子

本能的行動の法則（5）

17 鼻と顎《あご》先の距離が短い

本質

鼻と顎先の距離が短い人は、
一般的に
知的活動派です。

性格や行動の特徴

鼻と顎先の距離が短い人は、一般に知的活動派になる傾向があります。体をあまり使いませんが、体の持久力に欠けているとか、手足が自由に使えないという意味ではありません。エネルギーを身体活動にではなく、知的活動に使うのです。何を表現するにも体を動かすよりは、頭を使った形で表現する傾向にあります。

肉体労働にエネルギーを消費する人がいるように、この人たちは、頭脳労働にエネルギーを使います。知的なチャレンジならどんなものでも大歓迎なのです。一つの仕事が完成するまで、必要な知的作業や知的チャレンジを続けます。

この人の業績は、思考の成果です。その思考速度は速く、連続思

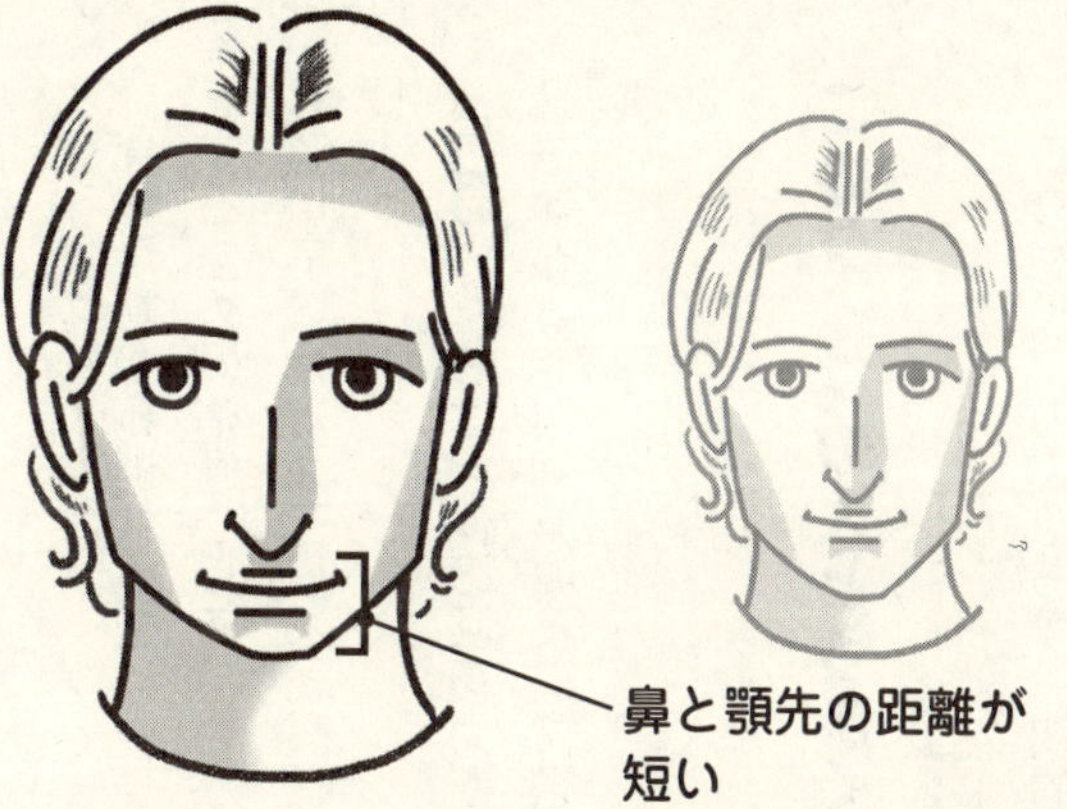

考を持続させる忍耐力は無制限です。パズルを解いたり、新しい複雑な知的チャレンジに取り組んでいるときが一番幸せなのです。しかし知的活動に時間を費やして、体を鍛えることをおろそかにします。

最低限の身体活動を規則的に行わなければ、持続した知的努力もできなくなります。鼻と顎先の距離が短い人は、体を動かさざるを得なくなるまでは、動かさない傾向にあります。

知的活動と身体活動のバランス

が必要です。時には知的活動をストップして、休息を取ってください。

身体活動から逃れるためにリラックスするのではなく、身体活動をするための準備として、休息を取ることが大切です。リラックスしていて頭が冴《さ》えていると、困難な知的作業にも楽に対処できるでしょう。

この人たちは、体の回復力が弱いのです。回復には肉体派の人の3倍かかります。だから疲れの最初のサインで休息が大切なのです。

このタイプの人とうまく付き合う方法

このタイプの人たちが、知的活動を必要としていることを理解してください。興味をそそるようなプロジェクトを提供して、この人たちの知的好奇心を刺激してあげるとよいでしょう。知的活動と身体活動のバランスを取ることが必要だと伝えてください。

身体活動が、どれだけ知的活動時にいい影響を与えて、元気と頭の冴えが得られるかを説明してあげてください。

例外

鼻と顎先の距離が短いのに、体をよく動かしている人を見かけます。多くの場合、必要に迫られて動かすようになったか、運動不足で心身に問題が生じていることを自覚し始めた場合です。

この特徴を持つ有名人

上戸彩、井上真央、内館牧子、三枝成彰《さえぐさしげあき》、大沢たかお、常盤貴子、西田ひかる

本能的行動の法則（6）

18 鼻先が横に張っている

本質

鼻先が横に張っている人は、
一般的に自信家です。

性格や行動の特徴

鼻先が横に張っている人は、一般的に自信家です。仕事や作業の方法が本能的に分かるので自信が持てるのです。また関係者全員にとって何がベストかを感じ取る能力が備わっていて、いったんそれを感じ取ったら、自分の気持ちや才能だけを頼りに、どんどん仕事を進めていきます。この人自身が権威者であり、有能な仕事人です。

鼻先が横に張っている人は、今起こっていることをすべて「自信」という感情を通して見ます。自分だけが正しくて、自分だけが正しく事を処理できて、他の人たちは正しい処理法を知らないのだと感じているのです。時間を取ってゆっくりと、現実に今起こって

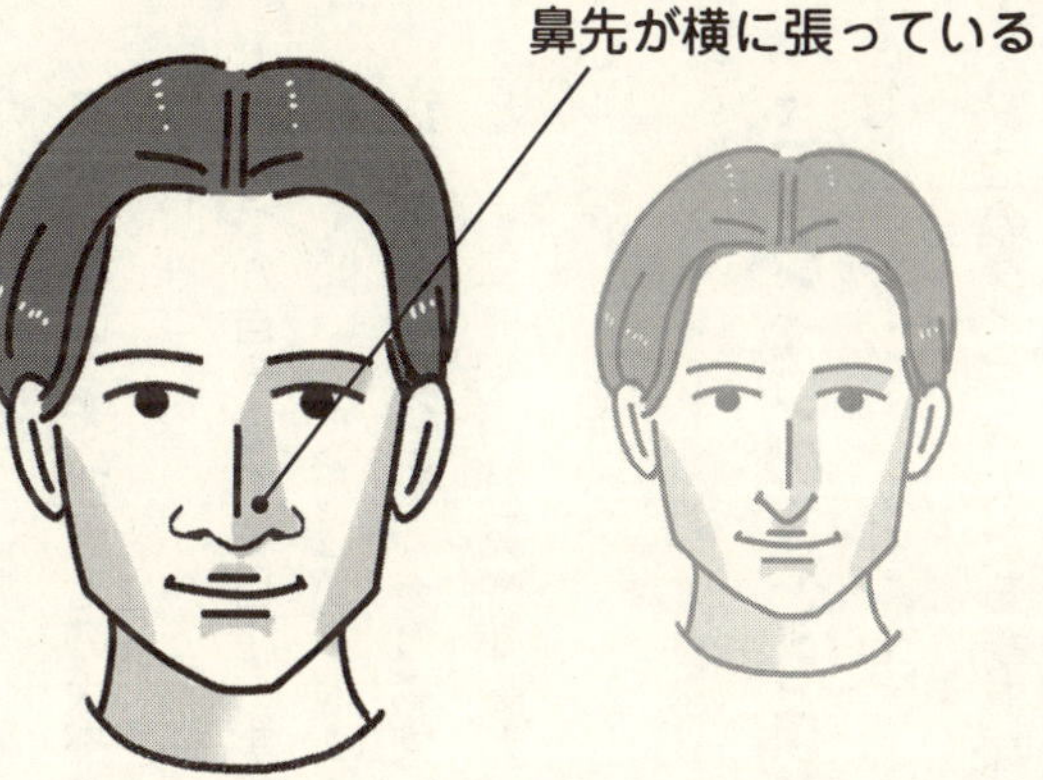

いることを客観的に眺めることだけはしません。一人で仕事をするときには、問題が生じませんが、他人が絡むと大きな問題が生じます。他人の気持ちを逆なでする行動をわざと取るからではありません。本能のおもむくままに取る行動が、他人には身勝手な行動と映り、結果として他人の気持ちを逆なでしてしまうのです。

他人の助言が役に立つときでさえ軽視するために、協力が得られないどころか、足を引っ張られて、結局夢や目標が達成できなくなります。「鼻息が荒い。鼻であしらう。鼻もちならない。鼻にもかけない。鼻をへし折る。鼻を明かす」などと鼻が入った慣用句は多数あるのですが、その大部分がその自信過剰を揶揄《やゆ》する意味になっています。

どうか自分の夢や目標の実現に協力してくれる仲間や部下の意見をよく聞いてください。他人の批判や意見に耳を傾けてください。ただ静かに聞いて、その意見に価値を見出すまでは口を開かないことです。他人の意見や知識が、利益を生むことを理解する必要があります。

このタイプの人とうまく付き合う方法

このタイプの人たちがあなたの部下にいたら、まず最初に役割や立場を念押ししてください。次にあなたの指示をきちんと聞いているかどうかを確認してください。次に詳しい正確な指示を与えてください。最後に、指示が守られているかどうかを確認してください。

この部下が、自分流でやりたがる長所と短所を活かすことを考える必要があります。できるだけ方針決定会議に参加させて意見を言う機会を提供して、解決や実行に向かう役立つ意見をすくい上げてください。

例外

鼻先が横に張っているのに、自信を失っている人を見かけます。

多くの場合、ワンマンに振る舞ってきた結果、スタッフや協力者が離れていき、作業が滞り、どうしていいのか分からなくて自信を喪失しています。

この特徴を持つ有名人

北島三郎、コロッケ、松方弘樹、美空ひばり、渥美清、五木ひろし、堀江貴文

本能的行動の法則（7）

19 鼻先が上がっている

本質

鼻先が上がっている人は、
一般的に人を信じる
傾向があります。

性格や行動の特徴

鼻先が上がっている人は、一般的に人を信じる傾向があります。オープンな心の持ち主で、ナイーブで、お人よしです。物事を額面通りに受け取ります。純心で、詮索することが少ないのです。新鮮な目で物事を見て、身構えることがない性格です。疑うよりは、信じるのです。見たこと聞いたことをそのまま受け入れるのです。

赤ちゃんの鼻の穴は、先が上がっていてはっきりと見えます。私たちの人生は、「信じる」ことから始まると言えるでしょう。しかし、成長の過程で「信じて、裏切られて、傷つく」という経験を積み重ねて、鼻の先を少しずつ下げていきます。鼻先が上がっている人は、新しいアイデアを与えることや新しい試みを行うことに意欲

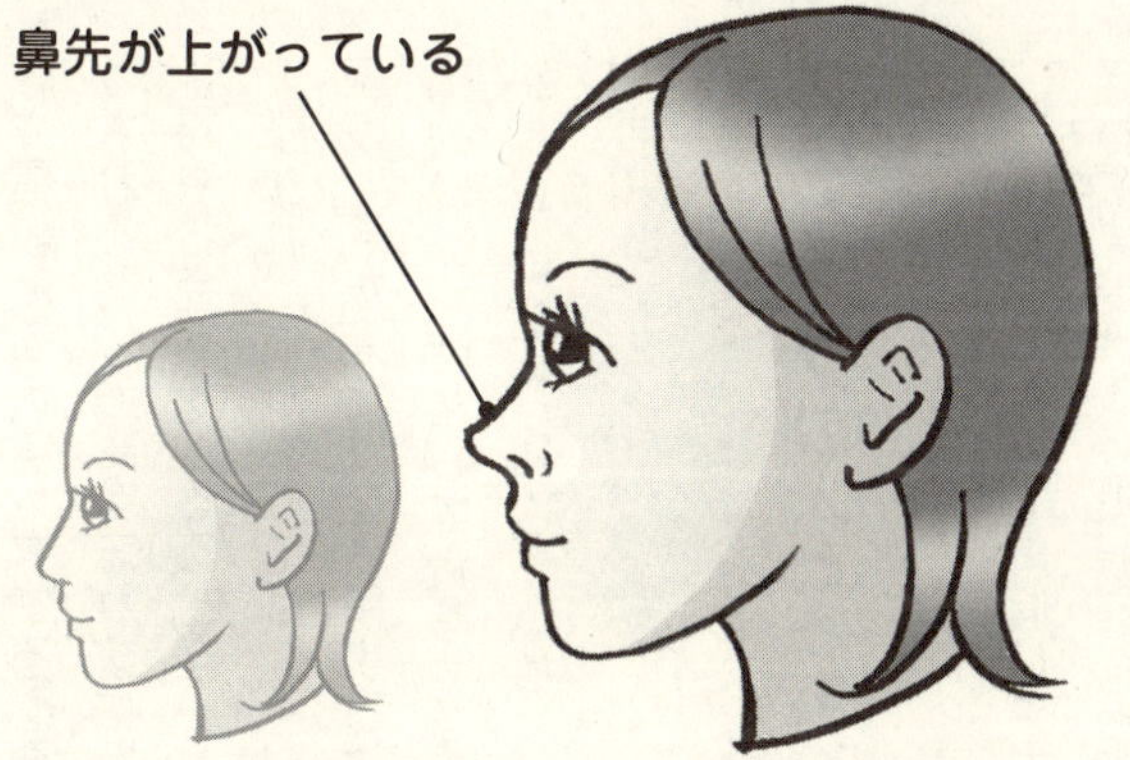

的です。

しかし、他人によく騙《だま》されるのもこの人たちです。「騙されるよ」と忠告されても予防手段を取ろうとしません。他人に勧められたら、何でも疑わずに試そうとする傾向にあります。また、新しいものや変わったものなら、内容を確かめないで受け入れる欠点も持ち合わせています。

勧められたものを無条件に受け入れる前に、時間を取って中身を確認する必要があります。騙されるのを避けるために、事実や情報源や信頼度をチェックする必要があります。他人の考えや行動を受け入れる前に確認を忘れずに行うことが大切です。確認のために、時間やお金をかけることをいとわないことが大切です。

誰かれと信じるのではなく、忠誠と愛情を一貫して変わらず示し続けてきた人だけを信用するようにした方がいいでしょう。新しい出会いは、時として危険です。その瞬間に信頼できると思った人が、本当に信頼に足る人かどうかを確かめるには時間がかかるのです。

このタイプの人とうまく付き合う方法

このタイプの人は、信じやすくて、新しいものや変わったものを疑わずに受け入れる傾向にある人だということを知っておいてください。この人が「お薦めよ」と言って提供したものが、本当に信頼できるのか、本当に中身を理解して薦めているのかを確かめるために十分な時間を取ってください。

この人の長所を関係者全員の最善の利益のために活かしてください。この人が信じやすいことをいいことに、決して付け入ったり、騙したりしないようにしてください。

例外

鼻先が上がっているのに疑い深い人を見かけます。多くの場合、これまで人を信じては裏切られ何度も傷ついてきたので、同じ過ちを避けるために、自分は疑い深い人間だと思っている人も多いのです。それでも大切な人には、疑いを持ちたくないと思っているのです。

この特徴を持つ有名人

小堺一機、中山美穂、チェ・ジウ、水野美紀、倉木麻衣、河村隆一、竹内結子、松浦亜弥

20 本能的行動の法則（8）
鼻下が短い

本質

鼻下が短い人は、
一般的に自分の容姿に
自信を持っています。

性格や行動の特徴

鼻下が短い人は、一般的に自分の容姿に自信を持つ傾向にあります。「良く見せる」ことが大事なのです。外見を良く見せるためにどうすればいいかを知っています。容姿を良く見せる方法を人に教えるコツも会得しています。容姿だけでなく、礼儀作法やスタイルやファッションに常に注意を払っています。ですから、ファッション関係の仕事に就くと、その才能を発揮するでしょう。

自分の容姿を褒《ほ》められることがあっても、反感を買うことはまれなので、常に褒められる容姿に喜びを感じています。そのために、容姿を良く見せようとあらゆる手段を取り、あらゆる時間を費やすという極端な人もいます。これは周りには「虚栄の表現」と受け止

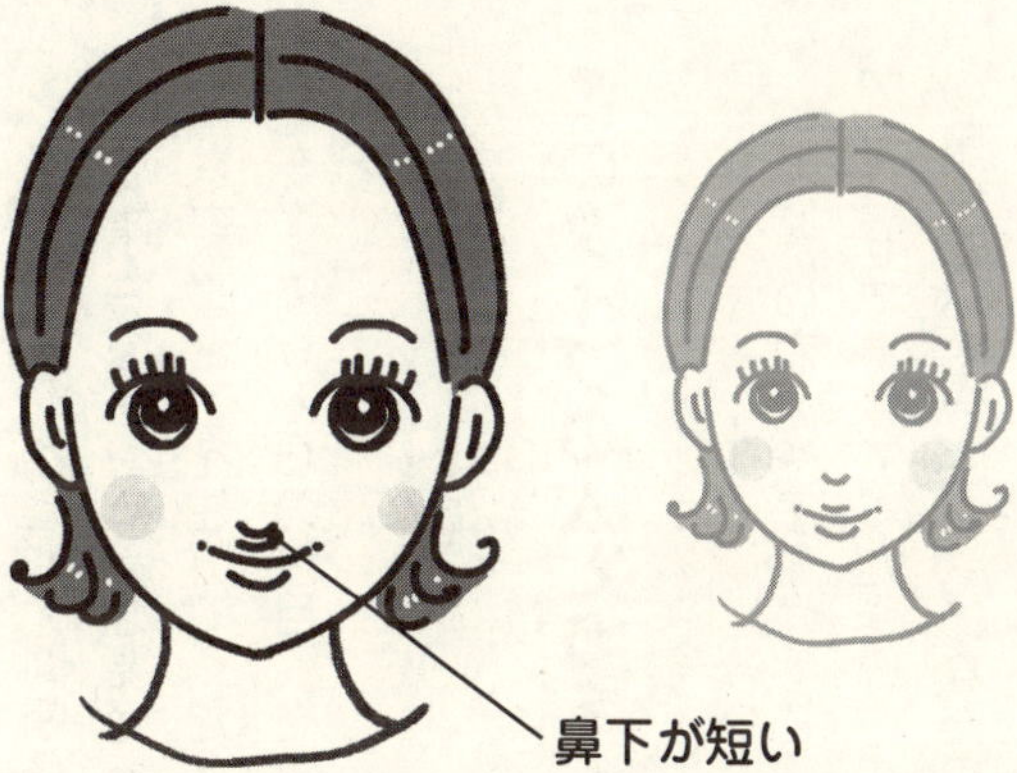

められます。実際、鼻下が短い人は、注目を浴びるのに努力を必要としないので、中身を磨くことを怠る傾向にあります。見えないほどのちょっとしたキズにも動揺したり、年齢とともに隠せなくなった皺《しわ》に、普通の人よりも苦しむのです。

外見を批判されることが何よりもショックなのです。外見だけでなく、中身も磨くようにして、バランスを取る必要があります。実際の自分よりも見かけの方が大切だという態度を見せないようにしてください。

もっと重要なことや人間関係を犠牲にしてまで、外見で注意を引こうとするのをやめる必要があります。目標を定めてその実現のためにエネルギーを注いでください。自分らしく生きていれば、求めている「周りからの注目」も永遠に得られることを忘れないでください。

このタイプの人とうまく付き合う方法

あなたの恋人や子供が、このタイプであれば、服や持ち物を自分で選ばせてあげてください。この人たちのセンスは抜群です。他人の服を選ぶときでも、あなたの趣味ではなく、この人たちの趣味を聞いて参考にしてください。

この人たちが外見ばかりに気を取られているようなら、もっと大切な内面にも注意を向けて、バランスを取る必要があることを教えてあげてください。

例外

鼻下が短いのに自分は美人だと思っていない人がいます。多くの場合、自分の姉妹の中により美しい人がいたり、自分の容姿に対して批判的な刷り込みを持っています。しかし、それでも他人の注意を引き付けることが自然にできます。

この特徴を持つ有名人

劇団ひとり、沢尻エリカ、長澤まさみ、山田優、小雪、石川梨華、蛯原友里《えびはらゆり》、小林麻央

本能的行動の法則(9)

21 鼻《び》梁《りょう》が出ている

本質

鼻梁が出ている人は、
一般的に
経営の才を持っています。

性格や行動の特徴

鼻梁が出ている人は、一般的に経営の才を持っています。組織や物や金、金で買えるあらゆるものに対して鋭敏な感覚を持っています。ビジネスマインドを持っていて、ビジネスの世界で長所となります。自分のサービスがどれだけの価値があるのかを知っているのです。自分が所属する組織全体の利益に対して責任を感じます。

最初頭に浮かぶのが「それいくら?」で、次に「それだけの価値があるかな?」で、その次は、「どうすれば同じものがもっと安く手に入るか?」を考えるのです。支払うお金に見合う可能な限りベストのものを手に入れたいし、手に入れようとするのです。

鼻梁の出ている赤ちゃんは存在しません。赤ちゃんには、経済観

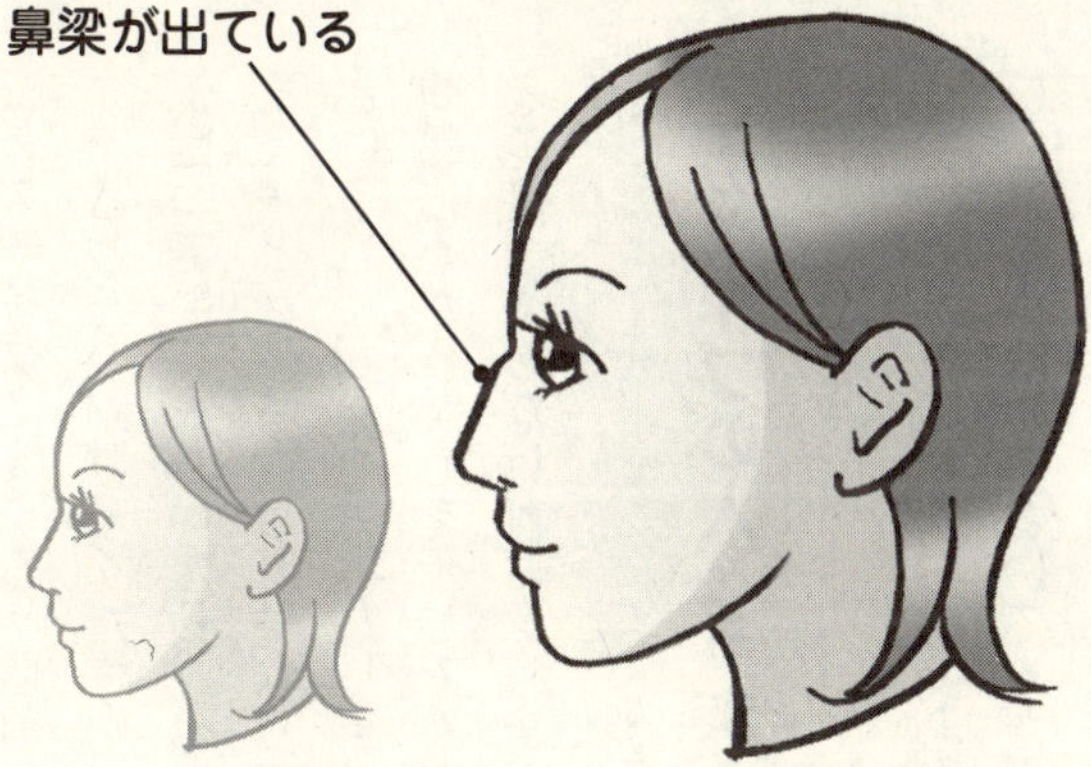

念が必要ではないからです。赤ちゃんは、お母さんとのスキンシップさえあれば生きていけるので、ぺちゃ鼻なのです。成長の過程で、親との1対1のスキンシップが希薄になる経験の中で鼻梁が出てくるのです。

　この人たちは、サービスを個人的に人に提供することはありません。ビジネスの世界で長所となる鼻梁も、プライベートな世界では短所となる可能性が高いですから気をつける必要があります。

　家族や恋人など大切な人にもビ

ジネスライクに接すると信頼を失います。親しい人には、温かく接することを心がけてください。

困っている人がいたら、心から心配して自ら進んで助ける意欲があることを示さなければなりません。仕事が忙しくて後回しになるということがあってはなりません。人の話をよく聞いて、その人の問題に心から関心を示してください。何事もお金で解決しようとする態度をやめなければなりません。

このタイプの人とうまく付き合う方法

このタイプの人たちの関心が、物質的なコストや価値に向きやすいことを理解しておいてください。あなたがこの人たちと親しい関係にあるのなら、物や金同様に、人間の心の大切さを理解する手助けをしてあげてください。他人の痛みや必要性に気づくお手伝いをしてあげてください。愛する人や親しい人には、心温かい接し方をする具体例を示してあげてください。

例外

鼻梁が出ている人で、経営者としての才を発揮できていない人を見かけます。多くの場合、所属組織の利益のために全力を尽くしてもその業績が評価されず、落ち込んで職務を放棄して、自分のことしか考えられなくなっているのです。

この特徴を持つ有名人

渡邉美樹、蜷川《にながわ》幸雄《ゆきお》、福田康夫、ウォルト・ディズニー、ロバート・デ・ニーロ、ちはる、小倉優子

22 本能的行動の法則（10）

上唇が厚い

本質

上唇が厚い人は、
一般的に自分の気持ちを
しゃべりたがります。

性格や行動の特徴

上唇が厚い人は、一般的に自分の気持ちをしゃべりたがります。言葉で自分の気持ちを表現していると生き生きとします。言語表現がたやすくできるのです。流れるように自由に表現することができます。長く話すことが簡単にできます。さまざまな修飾語をつけて、その意味に色をつけます。ひとたび話し始めたら、止まらずおしゃべりできます。

子供の上唇は、一般に厚いものです。それが、子供が一般によくしゃべる理由です。私たちは、自分の気持ちを表現することで人生を始めると言えるでしょう。しかし、成長の過程で「言葉だけでなく行動で表現する必要性」や「自分の気持ちを聞いてもらえなくて

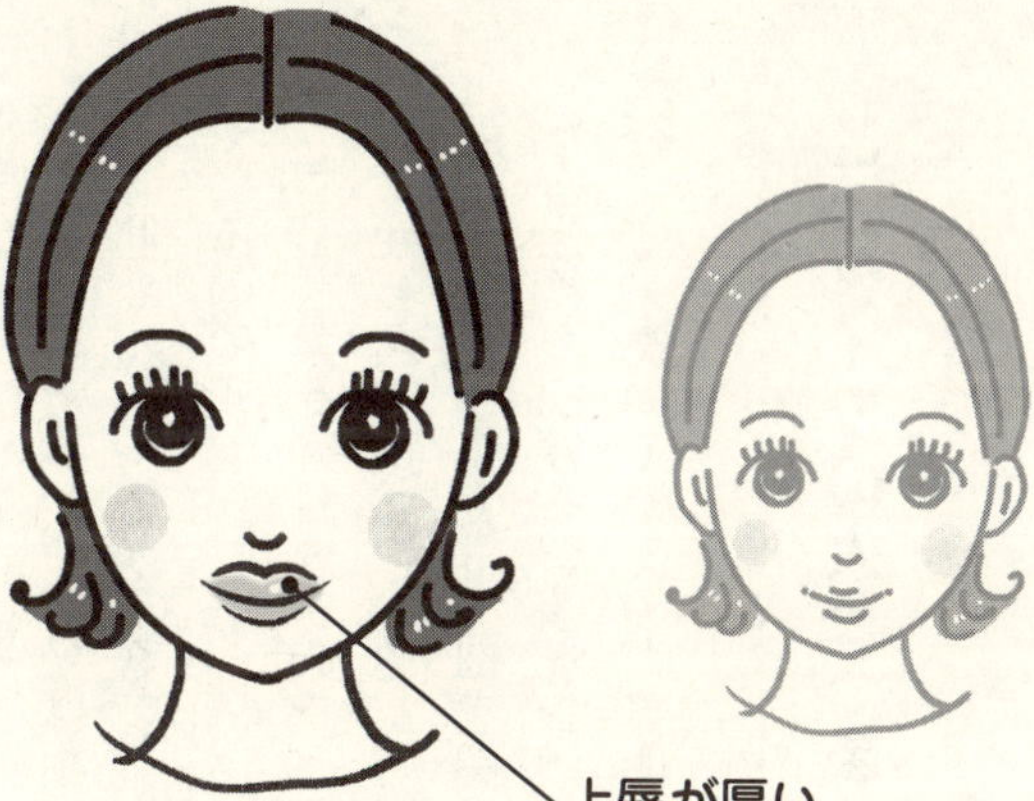

話す気が失せてくる体験」の積み重ねから、上唇が薄くなってくるのです。

この人たちの中には、しゃべりすぎに罪悪感を持っている人もいます。何度も同じ言葉を繰り返し、言葉を無駄に使います。聞くべきときや行動すべきときでもおしゃべりをする傾向があります。脈絡のない的外れなおしゃべりが聞いている人をイライラさせることを理解しておく必要があります。言葉遣いに無責任で、話し相手を傷つけることもあります。特に簡潔に要点を聞きたい人に対してや聞くべき場面においては、べらべらとしたおしゃべりは相手をうんざりさせます。論点に至る前に、聞く気が失せるのです。そうして、人の尊敬を失う危険を冒しているのです。

同じ言葉を繰り返すのを、やめてみてください。何を話すかを考えてから話すようにしてください。自分が言いたいことを効果的に話せると思うまでは、口を閉じていてください。上唇をしっかりと下唇とくっつける習慣をつける必要があります。仕事中は、手短に答えて、黙っているのが賢明です。

このタイプの人とうまく付き合う方法

このタイプの人たちから簡潔な応答を望むのであれば、「イエス」「ノー」で答えざるを得ない簡潔な質問をしてください。同じ言葉を繰り返すこの人たちの話を我慢強く聞こうとしてください。この話しっぷりが、この人らしさなのです。話の要点をしっかり聞き取り、そこを逃さずに語りかけて、実りのある会話にしてください。

唇の膨らんでいる女性には、「愛しているよ」という愛の言葉がヒットするのに対して、唇の薄い女性には豪華なプレゼントをするなどの愛を示す行為がヒットします。

例外

上唇が厚いのに寡黙な人を見かけます。多くの場合、家族に同様に厚い人がいて話すチャンスを長い間奪われて、寡黙になっているのです。また、周りに聞いてくれる人がいないと、どれだけ上唇が厚くても口を閉じます。

この特徴を持つ有名人

松田聖子、石原さとみ、瀬戸朝香、北川景子、北原里英（AKB48）、坂口憲二、スカーレット・ヨハンソン、野村真美

23 本能的行動の法則(11)

下唇が厚い

本質

下唇が厚い人は、
一般的に
与える傾向があります。

性格や行動の特徴

下唇が厚い人は、一般的に与える傾向があります。気がついたら自分から与えています。どれだけお金がかかるのかを考えずに与えようとします。心がおもむくままに与えるのです。良いことのためだと思えれば何でも与えたくなるのです。

赤ちゃんや子供は、一般に厚い下唇を持っています。私たちは、「与える精神」を持って人生を始めると言っていいでしょう。しかし、成長の過程で、与え方を学ぶ経験をします。ただ与えるだけでは、効果がないどころか逆効果になることを学びます。そのプロセスで唇を噛み始め、下唇が薄くなってくるのです。

下唇が厚い人は、自分が持っている以上に与える傾向にありま

す。過剰に与えても、与えられた人にメリットがなければ意味がありません。どのように与えれば効果的かを考えないで与えているのです。必要以上に自分の時間を使い、自分の時間や財産を使い尽くすのです。

与えるには、それだけの時間やエネルギーや物やお金や熱意がなければいけないとしたら、賢く与えなければなりません。蓄えることや無駄使いしないことを学ばなければなりません。気前がいい自分でありたいという衝動から与えてばかりいては困ることが起こります。与えることに意味がなければならないし、意義がなければならないのです。正しい意味で、正しい時に、正しい場所で、正しい人に、正しいプレゼントをしているかチェックする習慣をつけてください。まず最初に自分のケアをしてください。自分を助けることができて、初めて他人を助けることができるのです。

このタイプの人とうまく付き合う方法

知っておいてください。このタイプの人たちは、「与えたい衝動」を持っているのです。あなたが欲しくなくても、あなたが必要としていると勝手に思い込んで、与えたい衝動に従って与えるのです。

あなたが欲しくないときは、その旨をはっきり伝えてあげてください。この人たちは、善意で与えているつもりですから、その好意に感謝の意を示すことが大切です。しかし、この人たちの考えや意見を聞く気などないことや、自分のことは自分で計画を立てて、自分のペースでできることをきっぱり伝えてください。

例外

下唇が厚いのに「与えない」人を見かけます。多くの場合、いくら与えても見返りを得られないことや感謝の意を示されないことに気づいて、惜しみなく与える本来の自分を否定しています。

この特徴を持つ有名人

いかりや長介、井上和香、菊川怜、後藤久美子、高島礼子、桑田佳祐（サザンオールスターズ）、板野友美、玉木宏

本能的行動の法則(12)

24 歯が出ている

本質

歯が出ている人は、
一般的に秘密を隠せない
傾向にあります。

性格や行動の特徴

歯が出ている人は、一般的に秘密を隠せない傾向にあります。話し上手です。流暢《りゅうちょう》に話し、会話を生き生きとしたものにすることができるのです。

いったん話し始めると安全な感じがして、感じていることを何でも思い切って言います。自分の体験談や他人の話題を交えて、話を盛り上げます。驚くほど豊かな表現力を持っています。おしゃべりが好きな人やおしゃべりを聞くのが好きな人にとってとても魅力的な人です。

このタイプの人は少数派ですが、「しゃべり」を必要とする職業、例えば、漫才師・お笑い芸人の世界では、よく見かけます。楽

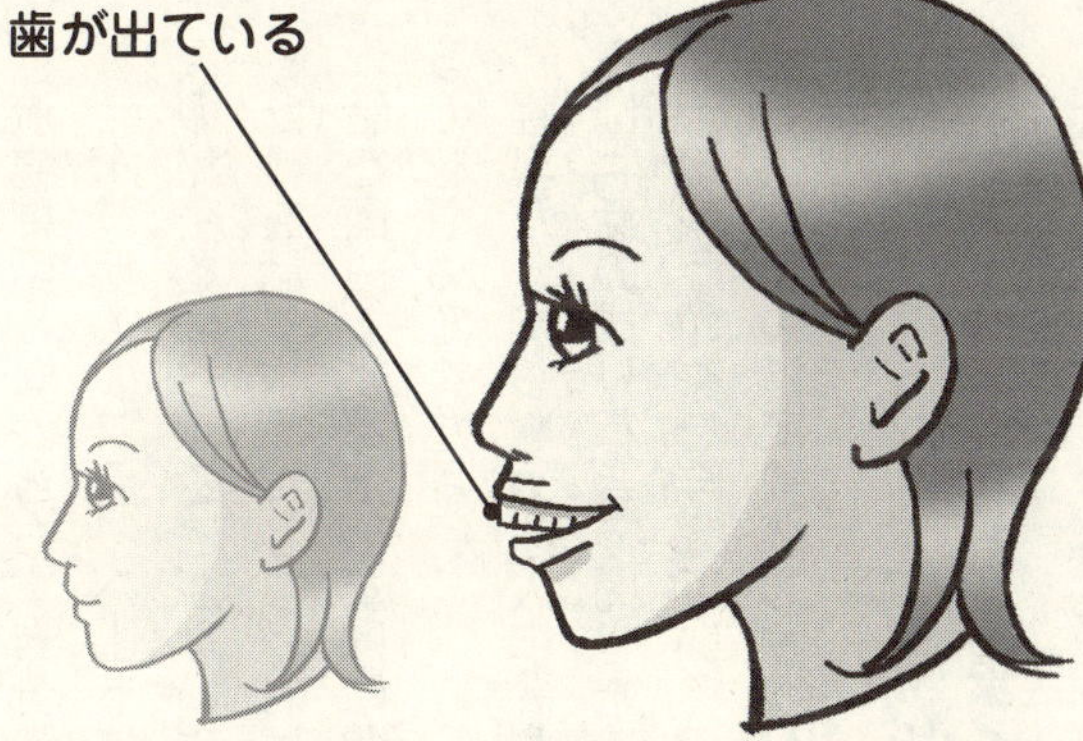

しいだけのおしゃべりなら構わないのですが、軽率なおしゃべりは時として、人の心を傷つけます。この人たちのオーバーなリアクションにも人は傷つきます。

「歯に衣《きぬ》着せぬ話し方」とは、「歯が出ているタイプ」の人の特徴を端的に物語っています。この人たちは、時としてずけずけと話をします。他人のゴシップを平気で語ります。他人の秘密を隠しておけないのです。そのために、安っぽい人間に見られ信頼を失う危険性が高いのです。

流暢に話しながらも、自分の話す内容をチェックしなければなりません。他人のプライベートについては、口を閉ざすべきです。他人の秘密をばらすことがないように、今この瞬間話す必要のあることだけを話すようにしなければなりません。

話を面白くするためだけに関係のない他人のゴシップを取り上げるのをやめてください。

軽率だとたしなめる人に悪意を感じるかもしれませんが、周囲からは「話の成り行きで聞きたくもないことまでべらべらとしゃべる奴」という印象を与えているのです。どうか話を最後まで聞いてくれる人を見つけて、おしゃべりを楽しむようにしてください。

このタイプの人とうまく付き合う方法

決してこのタイプの人たちに自分の秘密を明かしてはいけません。一度話せば、もはや秘密でなくなることがすぐに分かるでしょう。他人の苦労や苦難についての、この人のゴシップに巻き込まれないようにしてください。他人のゴシップには興味がないことを毅然と伝えてください。

例外

歯が出ているのにおしゃべりではない人を見かけます。多くの場合、「聞いてもらえない雰囲気」を感じ取ったり、「おしゃべりは軽薄だとたしなめられる」環境下では、おしゃべりを封印します。

この特徴を持つ有名人

明石家さんま、久本雅美、田村淳《あつし》（ロンドンブーツ1号2号）、柴田理恵、柳沢慎吾

25 本能的行動の法則（13）

首が太い

本質

首が太い人は、
一般的に肉体派です。

性格や行動の特徴

首が太い人は、一般的に肉体派になる傾向があります。スポーツや肉体労働、喧嘩など肉体を使う場面では、長所となります。どの状況でも肉体にすぐにスイッチが入ります。考えが肉体に、感情が肉体に、イメージが肉体に結びつくのです。この人たちは、まず肉体としてそこに存在しているのです。

愛もすぐに肉体と結びつきます。愛は、心ではなくセックスであると考える人が女性よりも男性の方に多いのは、男性の方が一般に首が女性より太いからなのです。

赤ちゃんの首は、とてもほっそりしています。私たちの人生は、「精神的な愛」を持ってスタートすると言っていいでしょう。成長

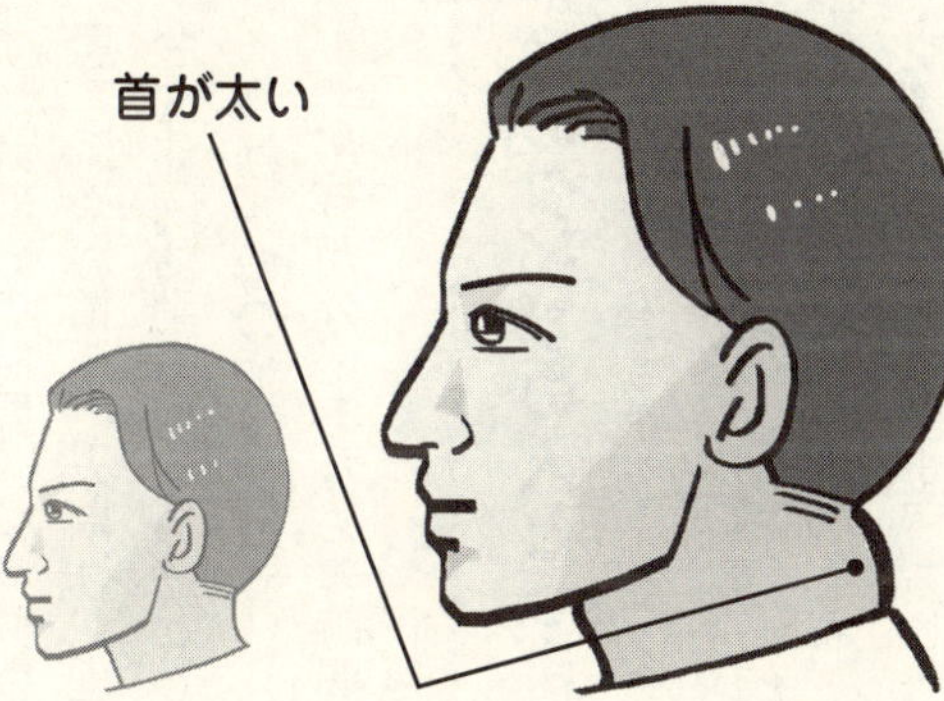

の過程で、肉体を発達させ、性の目覚めとともに精神と肉体の葛藤を経験することになるのです。プロレスラー・アメリカンフットボーラー・力士など肉体を使う仕事をしている人に多く見られます。肉体を使えば使うほど、肉体を司《つかさど》る「小脳」の部分、つまりうなじの上の部分が太くなってきます。

しかしこの長所は、肉体を使わない場面では、短所となりますから注意をする必要があります。じっくりと考え話し合わなければならないときでも、カッとなり暴力で応じるのがこのタイプの人です。大部分の時間、体を動かしてばかりいて考えようとしません。思考派や感情派の人には、理解されません。というのも、どのような肉体的活動も何を目的として行動するのかを考えて初めて価値があるはずなのに、無意味に体を動かしているように見えるからです。どうか考えるための時間を取るようにしてください。

このタイプの人とうまく付き合う方法

このタイプの人たちは、肉体を動かしていると生き生きすることを理解してください。考えないで行動するタイプであることを理解する必要があります。もし、この人たちがトラブルを起こしているようなら、解決のために一緒に考えるお手伝いをしてあげてください。何が問題で、何を目標として行動すればいいのかを自分で考える手助けをするとよいでしょう。むやみに行動するよりも、よく練られた行動計画に沿って行動する方が、他人に評価されやすいことを教えてあげる必要があります。

例外

首が太いのに、肉体活動をあまり行わない人を見かけます。現代の都会に住む人は、肉体活動を行いたくても環境的に難しい場合があります。このような状況を経験したこのタイプの人は、原因不明のイライラや空虚感や退屈を日々感じています。

この特徴を持つ有名人

小錦八十吉、HIRO（安田大サーカス）、マツコ・デラックス、松村邦洋、石塚英彦（ホンジャマカ）

第5章

パーソノロジー（人相科学）の調査の歴史

先人の業績を辿《たど》る

エドワード・ジョーンズが1920年代に先駆者として、人相と性格との一連の相関関係を探る研究に着手しました。治安判事として法曹界での実務経験中に、人相学の過去の業績調査を始め、古代ギリシャのアリストテレス、ガレノス、ヒポクラテスの著作から現代に至るまで、西洋における科学的な人相学の著述を調べ上げて「骨相と性格の相関関係」を苦心してまとめました。西洋の文献だけでなく、中国の約3000年前に遡《さかのぼ》る人相学と医学の豊富な歴史的資料を発見しました。

人相に関する一連の古代の考えや原則を再検討する中で、重要な疑問が湧き上がってきました。「解剖学上や生理学上、人間は似かよった存在に見えるのに、気質や性格が全く違っているように思われるのはなぜなのか？」「なぜ人間は、ワクワク感や愛に始まり、理解や協調からイライラ、対立、暴力に至るまで、ありとあらゆる感情を経験することになるのか？」、この問いに答えることが、新しい科学的な人相学の一分野を切り開くパーソノロジー（人相科学）の理論上の出発点になりました。

ジョーンズは、アメリカ合衆国で初めての人相学調査研究所を創設し、その業績と研究で、メキシコ大学から医学の名誉博士号を受賞しました。

●調査の第2段階　1951～1955年

99％の精度で正しい68項目を発見

1951年ロバート・ホワイトサイドは、ジョーンズの業績に現代統計学の方法論を適用して、その科学性を検証しようとしました。彼は人相と性格の関係にある仮説を立てて調査統計を試みました。彼自身は、ジョーンズから直接パーソノロジー（人相科学）を学んだのですが、すでに心理学と統計学を正式に習得していて、それをパーソノロジー（人相科学）の発展に役立てたのです。

ホワイトサイドは、「人相の各パーツの大きさの程度に応じて分類された性格描写を読んでいただき、自分の性格と一致するかどうかお答えください」という質問を行い、描写の精度を検証したのです。彼は、以前にサンフランシスコのパーソノロジー財団で、パーソノロジー（人相科学）の鑑定を受けた1200人の人に調査を行い、86％の人から、

(a)その性格描写は正確です
(b)勧められた職業に従うと成功しました
(c)パーソノロジー（人相科学）の鑑定結果はとても役に立ちました

という回答を得ました。

ロバート・ホワイトサイドの指導の下、1050人の大人を調査して、個々の人相の特徴が統計的に有効かどうかを検証しました。そして全部で68項目の性格描写が、99％の精度で体の形や構造の「測定値」と正確に対応していることが判明しました。性格と人相の相関関係については、「人相に基づき、性格は分類されうる」という仮説の正しさを証明しました。

●調査の第3段階　1958～1971年

人相解釈の重要な応用

エンジニアのウィリアム・バーティスが、ホワイトサイドの研究者チームに加わり、500人の仲間や友人に頼んで、約1万1000人の知人にパーソノロジー（人相科学）鑑定を正確に行いました。調査の結果は、パーソノロジー（人相科学）の鑑定に、

「81％同意します」
「3％同意しません」
「16％どちらでもありません」

という結果を得ました。

また、ロバート・ホワイトサイド、ウィリアム・バーティスその他の者で、「日常生活に役立つ応用調査」を行い、調査を受ける人が、それぞれ自発的に

最新のパーソノロジー（人相科学）鑑定と相談を受けました。500人以上の有効回答者から、人間関係とコミュニケーションに関して「パーソノロジー（人相科学）の鑑定が役立ちました」と「日常生活で役立ちました」の2つの点でかなりの精度を示したので、統計的に意義深い調査結果となりました。またパーソノロジー（人相科学）は、各職種に一番ふさわしい人相を発見しました。

●調査の第4段階　1980〜1995年

パーソノロジーの最新の鑑定表現の全面改訂

物理学者のマイケル・バーダー博士、ウィリアム・バーティスなどによる調査研究で、過去40年間の業績を最新の哲学的視点で再点検し、鑑定表現を全面改訂しました。およそ1万500人の人が、主として口コミで学んで、パーソノロジー（人相科学）の鑑定を行う公認されたコンサルタントになっています。

●調査の第5段階　1996～2006年

パーソノロジーの新手法

「超正確人相鑑定士」による新しいチームが、ウィリアム・バーティスの指導の下、効果的な新しい手法である「完全人相鑑定表」を開発しました。それは、個々人が最大の満足感を経験するために役立つ指針となっています。仕事や遊びや人間関係に正しく適用されたときに活性化される自然な人相エネルギー群（クラスター）を見つけます。活性化されたクラスター（人相エネルギー）は、自動的に人の注意力とパワーを高めます。

バーティス夫妻が製作したパワークラスターは、「どのような活動と仕事をすれば、私のエネルギーが最もよく流れるように刺激するか？」や「最大の結果と満足のための私の才能と注意をどこに向けるべきか？」という問いに答えるものです。新手法により、50のパワークラスター（力がみなぎる人相エネルギー群）が見つかり、自分を知るだけでなく、自分の子供、友人、職場の同僚などをよく知る上で、重大なツールとなっています。

次の図が、バーティス氏より作ってもらった私のパワークラスターです。このパワークラスターの通り、自分の人生が進んでいることにただ驚くばかりです。

完全鑑定を受けた方は、このパワークラスターを作ってもらえます。

●調査の第6段階　2010年〜

コンピューターによる新たな調査

今、誰もがコンピューターを操り、Facebook や Twitter で全世界と簡単につながる時代を迎え、より大規模な調査が行われようとしています。よりグローバルな調査にご協力いただける方を募っていく予定です。

パーソノロジー・パワークラスター

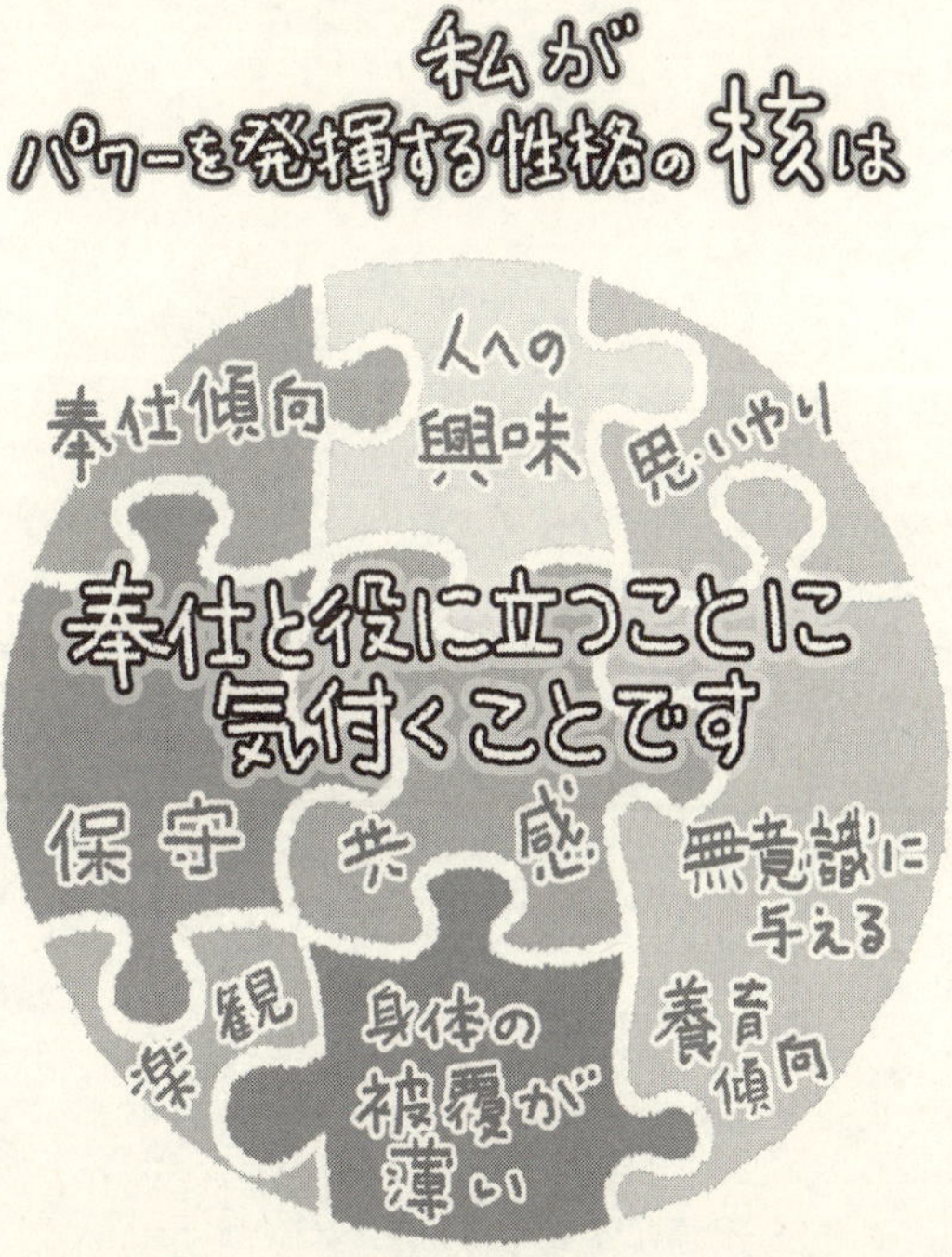

パワークラスターはパーソノロジーの完全人相鑑定で明らかになった自分の一番の長所となる性格を8～10項目選び、そのエッセンスを抽出した自分の性格の本質を一文で表現してあります。この言葉を気にとめておくだけで、自分らしい人生が切り開かれていきます。

第6章

幸せ顔と不幸顔はあるか?

幸・不幸を見分ける3つのサイン

パーソノロジー的観点からすると、自分らしく生きている人が幸せな人です。そして、「自分らしさ」は、顔に書いてあるのです。自分の顔が教えてくれる性格や才能・適性をそのままに生きている人は幸せです。逆に不幸な人というのは、自分を生きていない人です。他人の人生を生きている人です。顔が示す長所を生きずに短所だけが表に出ている人です。第4章で見ていただいた通り、すべての顔のパーツには、長所があり、その長所が短所ともなりうるのです。顔から自分の傾向を見抜き、自分の長所を活かして、短所に気をつければ、人生は楽で楽しくなります。また、他人のことも理解できるようになり、人間関係にストレスを感じなくても済むようになります。

しかし、誰が好き好んで自分らしくない生き方を望むでしょうか？　誰もが自分らしく生きて幸せな人生を生きたいと望んでいるのに、なぜ不幸な人生を送ることになる人が多いのでしょうか？　そのメカニズムを知っておくと、わざわざ不幸を選択することは少なくなります。その秘密は、顔の法則に隠されています。

例えば、あなたが「おしゃべりなタイプ」だとして、自分らしく毎日「おしゃべり」を楽しみ続けていることを想像したら、いかがでしょうか？　幸せな人生を生き続けることができるでしょうか？　残念ながら世の中には、「おしゃべり」を嫌う人が少なからずいて、さまざまな衝突や軋轢《あつれき》を経験することになります。つまり「あなたの自分らしさは、必ず誰かに否定されることになる」運命にあるのです。しかたがなく、周りの人に合わせようとすると、今度は自分らしさを失います。「おしゃべり」をやめて、おとなしくしている方が、周りとはうまくいく気がします。そこで、自分の生き方をやめて、他人の人生を生き始めるのです。

自分らしく生きてはトラブルが生じ、自分を生きなければ不幸になる――。

人生って難しいですね。あなたがどんな顔をしていようと、あなたと全く別のタイプの人から、あこがれられたり、妬《ねた》まれたり、反感を持たれたりすることになる運命なのです。そういう環境にいて、本当に自分らしく生きるには、ある知恵が必要なのです。「おしゃべり」の長所と短所をよく理解して、自分らしさを出すＴＰＯを知ることが大切です。いつどこで誰を相手に自分の「おしゃべりの長所」を活かすことができるかを学ぶことが大切なのです。それには、相手の顔の特徴から、相手の性格や反応パターンを見抜き、それに応じて対応することが有効です。

幸せの形は、人それぞれです。自分らしさを知って生きている人は幸せですが、自分が分からずに眼をきょろきょろさせて他人の価値観に合わせようとしている人は不幸です。しかし、無意識にそうなってしまうので気をつけなければいけません。無意識に口がしゃべったり、顎《あご》が頑固に抵抗したりして、気がついたら不幸になっているのです。しかし自分の無意識パターンに気がつけば、誰もが今この瞬間に幸せになることができます。これまでは、人相の科学が存在していなかったので、自分の個性・自分のパターンを客観的に知る方法がありませんでした。だからどうしてよいのかが分からなかったのですが、パーソノロジー（人相科学）が登場しましたので、今後は簡単に自分らしさを知ることができます。

では、人間の幸・不幸は顔に表れるのでしょうか？　もちろんです。顔の輝きを見れば、その人がどれだけ幸せなのかを推測することができます。逆に不幸な顔もなんとなく分かります。しかし、自分でも気がつかずに不幸への道を進んでいることがあります。以下に、幸・不幸を見分けるサインを3つ示しましたので参考にしてください。もし、自分が不幸への道を突き進んでいるようなら、今すぐ方向転換を図ってください。

(1) 口角

口角が上がっている人は、見るからに幸せそうです。下がっている人は、不幸に見えます。いわゆる笑顔の人は、幸せそうです。さて、その科学的意味は、何でしょうか？　パーソノロジー（人相科学）が、統計を取り確認できた正確な意味は、「未来に対して楽観的か悲観的か」です。もちろん口角が上がっている人の方が楽観的です。そして、多くの場合、「楽観」と「悲観」の違いは、過去の人生経験からやってきます。過去3ヶ月間以上いやなことが続くと、これからの未来もいやなことが続くのではないかと「悲観論」が渦巻き始め、口角が下がり始めます。いいことが続くと、これからの未来もいいことが起こると期待できて「楽観論者」になり、口角が上がるのです。

たまたま宝くじで1億円当たったら誰でも口角が上がるのではないでしょうか？　生まれたての胎児の口角は、全員下がっています。お母さんの産道を通るのがとても苦しかったに違いありません。地獄の苦しみを味わった赤ちゃんは、「悲観論」を持ち、人生をスタートさせるのです。幸いにして、大部分の

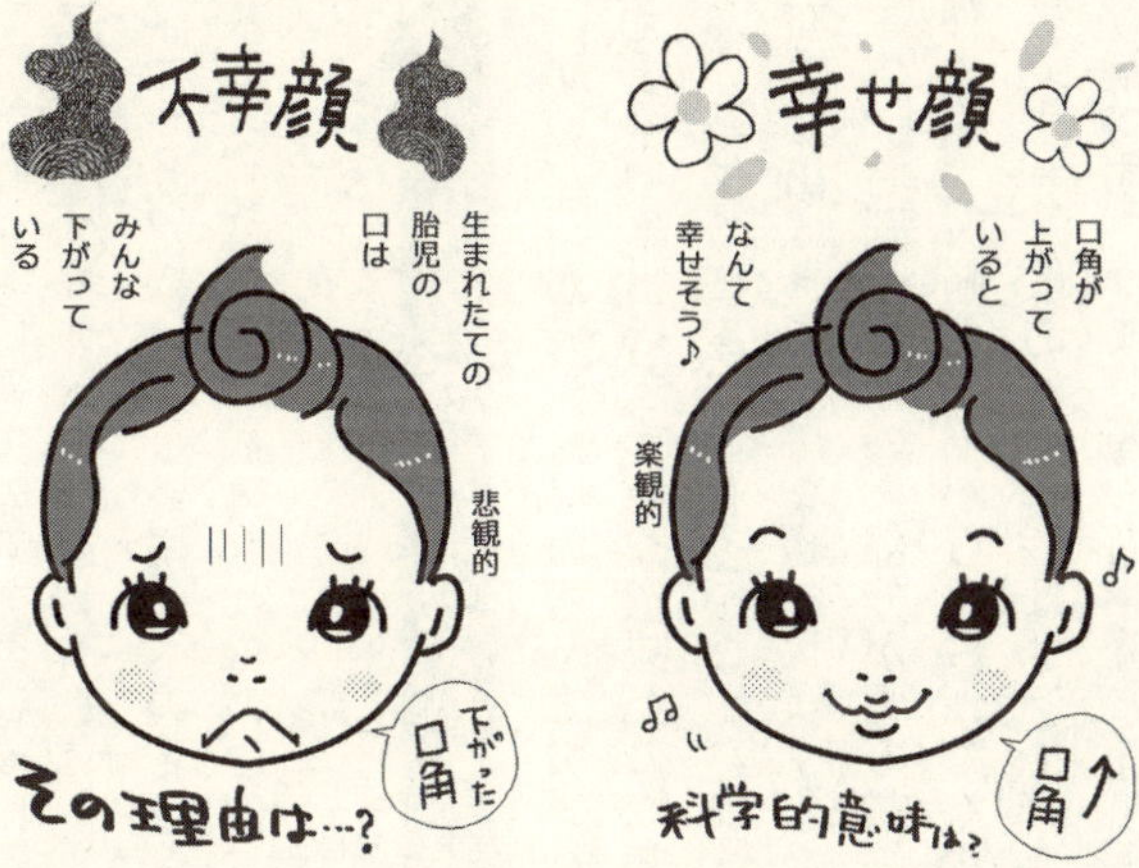

親が愛情を持って接するので、次第に「楽観論」を持つようになり、口角が上がってきます。我が子の口角の上がり具合を見て、育て方の是非を判断していただくこともできます。

しかし、過去がしばらく不運続きだったからといって、お先真っ暗と決めつけるのは早計です。次の瞬間何が起こるかは、誰も分からないのです。未来が吉か凶かは誰にも分かりません。少し、過去がうまくいかなかったからといって口角を下げて「悲観論」を持ってしまえば、目の前に訪れている輝かしいチャンスを逃すことになります。これからは過去の不運の程度にかかわらず、将来に大きな希望を持って生きていただきたいものです。まずは、口角を上げる習慣をつけましょう。不思議にそれだけで明るい未来への希望が湧いてくるのです。どの業界でも接客の基本として笑顔が推奨されるのには、大きな意味があるのです。

(2) 顔の左右のアンバランス

顔の左右が大きく異なると、アンバランスで問題を抱えている人のように見えます。本当はどういう意味なのでしょう。実際顔の左右差がない人はいません。子供のころ、左右差がなくバランスが取れていた人も、社会人になると左右差が出てきます。なぜでしょう？　顔の左右差は、脳の機能の左右差からきます。右脳の信号の大部分が顔の左に現れ、左脳の信号の大部分が顔の右に現れます。右脳と左脳から送られてくる信号に違いがあると、顔の左右差となるのです。一般的に、右脳はプライベートな生活で使う脳で、左脳は仕事上で使う脳です。つまり顔の右半分に仕事上の自分が、左半分にプライベートな自分

が表れるのです。例えば、右の口角が上がっていて、左の口角が下がっていれば、仕事には明るい希望を抱いているけれども、家庭生活には暗い影を落としていると読み取れます（もっとも、少数ながら、左右の脳の機能が逆転している人もいて、一概に左脳が仕事脳と決めつけることはできません。もし正確に知りたければ、専門家にお尋ねください。特に左利きの人や元々は左利きだった人は、確認が必要です）。

現代のストレス社会において、仕事上で大きなストレスを抱えたり、家庭で大きなストレスを抱えると、次第に左右差が大きくなるのです。しかし、左右差が大きい人が、必ずしも不幸だというわけではありません。右脳の「思考」「感情」「行動」パターンと左脳の「思考」「感情」「行動」パターンにずれが出てきて、2種類以上の自分が存在するようになり、どちらが本当の自分なのか区別がつかなくて混乱する危険性もありますが、反面、多面的なものの見方や考え方ができるようにもなり、その特性を活かすことも可能です。

気をつけなければいけないのは、仕事の自分と私生活の自分の切り替えです。2種類の自分が同在しているので、その2つを使い分ける必要があるのです。その時々で自分の気分が変わりますが、それは病気ではありません。もし自分を一貫させたいのであれば、仕事の自分と私生活の自分を一致させる努力が必要となります。いずれにせよ、顔の左右差が大きい方は、仕事と私生活のアンバランスを見つめ直すいい機会としていただければ幸いです。

(3) 三白眼

三白眼《さんぱくがん》は、従来の人相学では「悪相」と評されてきました。パーソノロジー

（人相科学）では、すべての顔の相に善悪の評価を下しません。もっと客観的に顔の相を科学します。もし、あなたが今三白眼なら、休息を取ってください。三白眼は、「ストレスの過剰状態」を示しています。したくない仕事を長年続けたり、いやな人間関係を長年続けていたら、誰もが極度のストレス状態に陥り、最後には、三白眼になります。どうか毎日顔を見て、自分がどの程度のストレスなのかをチェックしてください。目を見れば、今どの段階にいるのかが分かります。

［第１段階のストレス］
目の充血

●［第1段階のストレス］　目の充血

一時的にショックあるいは疲労困憊《こんぱい》している状態です。

「許容限度を超えてハードワークを強《し》いられている」と体が教えてくれているのです。体内のアドレナリンが過剰に出ていて、自分に無理を課している証拠です。人トレス下で冷静な思考ができずに、感情的に反応します。余裕を持って応答することができずに、「戦うか逃げるか」の反応のみとなります。

この状態の人には、静かに接してあげてください。話し合いでは解決しません。どんな説教や問いただしも役に立たないのです。お互いが感情的になるだけです。まず休息をし、リラックスをして、自分を取り戻すことが大切です。

この状態では、間違った決断をする傾向にあります。そのことを心に留めておき、ゆっくりと深呼吸をして、リラックスできるまでは、どのような決断も下さないことが大切です。数分（できれば数時間）横になり、体の回復を待ちましょう。水をたくさん飲んでください。

額に手を当てて数分すると楽になります。どうしても動かなければならない人は、意識的に左右の手を振って、右脳と左脳のバランスが取れるように歩いてください。

●【第2段階のストレス】　片目　三白眼

ある程度長期的に続いている体の緊張状態です。

この現象は、ストレスによりアドレナリン過多となり、左右の目の弱い方の眼筋をアドレナリンが収縮させることによって生じます。左右の眼筋の構造に強弱差があり、アドレナリンの影響で弱い眼筋をより収縮させて、眼球を上に押し上げるのです。この状態になると事故を起こしやすくなります。左右の眼球が、異なった方向を向いているために、物事をありのままに見ることができないので、事故が起きるのは時間の問題となります。ドアにぶつかったり、髭《ひげ》を剃《そ》っていて切れたり、「十分スペースがあったんだけどなあ」と言いながら駐車場で車体をこすったりするのです。

［第２段階のストレス］
片目　三白眼

さらにひどくなると衝突事故までも起こします。不慣れな仕事はもちろん、日常の仕事においても十分に気をつける必要があります。

しかし今気づくことができれば、大きな問題ではありません。この状態は、身体的なものなので、たいていの場合は、一時的で簡単に改善されます。８時間以上の睡眠を取って緊張から解放されてください。水をたくさん飲むとアドレナリンの除去に役立ちます。ですが、何よりも行動する時は、一挙一動に警戒をしてください。事故が起こってからでは手遅れですから。

●［第3段階のストレス］　両目　三白眼

かなり長期間にわたるストレス状態です。内分泌腺が大混乱していて、鬱《うつ》状態にあります。

ストレスの第1段階では、ストレス下で冷静な思考ができず、感情的に反応してしまい、解決をあきらめて逃げ出すしかなかったけれども、その状態が続くと、どんな問題にも自分には解決能力がないかもと思い始めます。ストレス状態に中毒し始めるのです。時間とともに「その問題にはお手上げだ」と思い、そのことで頭がいっぱいになり、決して「自由」と感じられる時間を持てなくなります。

［第３段階のストレス］
両目　三白眼

関心事は、解決できないその問題だけになり、周りの者は、この人を「鬱で暗くて楽しみのない奴だ」と見るようになります。やるべきことは、とてもはっきりしていて、その課題に責任を持って取り組み、その瞬間できる努力に再度フォーカスを当てることですが、それができなくなるのです。十分に休息を取り、心身共にリラックスさせてから、今できることを果たしてください。元気が湧くものに自分の気持ちを向け、自分自身を取り戻して、気になっている問題に取り組んでください。

周りに三白眼の人がいたら、いたずらに忌み嫌うのではなく、休息を取ることを勧めてください。温泉に行くなどの心身のリラックスに努めるように手助けしてあげてください。心優しい人が、愛する人々の期待に添うように可能な限り頑張ったあげく、ストレスいっぱいになり、三白眼になっただけで、根は優しい人なのですから。

第7章

美人顔とユニークな顔

ユニークな人生を生きれば、みんな美人になれる！

顔の美醜は、よく話題になるところであり、特に女性は美しく見せるためなら、いかなる努力も惜しまない傾向にあります。

しかし、美人とは何でしょうか？　なぜ人は美人やハンサムにあこがれるのでしょうか？　なぜすべての人が美人やハンサムに生まれてこないのでしょうか？　美人やハンサムを良しと人は語り、マスコミもそれを助長していますが、もし、美人やハンサムが良い顔だとすると、大部分の顔は悪い顔ということになります。果たしてそうでしょうか？　人はなぜバランスが取れた顔を良しとし、バランスが崩れた顔を悪いと判断するのでしょうか？

パーソノロジー（人相科学）は、その謎にも答えを出しています。パーソノロジー（人相科学）的に定義すれば、美人とは顔相の各パーツの大きさや位置が、バランスが取れている顔の持ち主ということになります。

美人やハンサムは、多くの人にとっての「平均顔」であるがゆえに、潜在的に反感が持たれにくいということなのです。極端に「おしゃべり」な人と極端に「無口」な人は、一般に理解し合えません。上唇のとても厚い人ととても薄い人は、なかなか理解し合えないのです。「無口」の人は、「おしゃべり」な人のことを「口先だけで実行力のない人」と受け止める傾向にあります。「おしゃべり」の人は、「無口」な人のことを「何を考えているか分からない陰気な人」と受け止める傾向にあります。しかし、その中間の人は、どうでしょうか？　時々は、「おしゃべり」であり、時々は「無口」になる中間の人。唇が厚からず薄からずの中間の人は、「おしゃべり」と「無口」の両方にとって、まだ理解しやすい「受け入れ可能な人」なのです。

上唇だけではなく、すべてのパーツについて平均的な人は、両極端の人から好感を持たれやすいのです。少なくとも強く反感を抱かれることが少ない。誰をも否定しない印象を与えるのです。

美人やハンサムというのは、このように各パーツが極端ではないがゆえに、多くの人から「反感」を買うことが少ないのです。こうして、多くの人に愛され、好感を持たれやすい美人やハンサムは、多くの人のあこがれの的となり、映画やテレビの主役に抜擢されたり、ファッション雑誌・ゴシップ雑誌の話題をさらう確率が高くなるのです。

こうなると、美人やハンサムに生まれなかった人の人生は、不運で不幸な人生ということになります。親を恨む以外になくなります。しかし、人生はそれほど単純ではありません。実は美人やハンサムの大部分は案外つまらない人生を送っているのです。というのもユニークな人生を送ることが難しい顔をしているからです。どうしても小さくまとまる人生で終わる人が多いのです。美人やハンサムの多くが、「自分は中途半端な人間だ」とか「八方美人だ」と思って悩んでいます。自分のユニークな個性が何なのか分からないでいる人が多いのです。

レディ・ガガ

自分らしく生きることをあきらめて、多くの人のあこがれの的になろうとして、他人に合わせる人生を送る人が、もっとも不幸な人です。ユニークな顔をした人が、ユニークに自分の人生を送り、そのユニークさゆえに、後世に偉大な業績を残すのです。ユニークであるがゆえに、必ず反発する人が現れて、社会の中で変人扱いされて、さまざまな軋轢《あつれき》や摩擦を経験することになりますが、それを乗り超えたときに自分の個性が花開きます。偉大な業績を残した実業家・政治家・科学者・芸術家・宗教家などに、ハンサムや美人がほとんどいない事実が、そのことをよく物語っています。

ナオミ・キャンベル

いわゆる「ブス」という表現は、「超ユニーク顔」という表現に置き換えるべきです。すべての人の個性を認め合う文化を築くべきです。そして、それぞれが自分のユニークな顔とユニークな性格を誇りに思うべきです。自分こそユニークな人生を生きることができる素晴らしい存在なのだと思うべきなのです。

とてもいい例を言えば、レディー・ガガのようなトップアーティストは、そのルックスではなく強烈な個性が評価されています。ナオミ・キャンベル、ケイト・モスのような世界のスーパーモデルたちは、とてもユニークな顔をしています。決して美人顔ではありません。今、欧米のモデル業界では、いわゆる美人は、ありきたりでつまらないと評価されているのです。日本も一日でも早く「美人信仰」「ハンサム信仰」から抜け出して人それぞれの価値が評価される時代がきてもらいたいものです。

ケイト・モス

では、美人やハンサムの「自分らしさ」はどのように考えればいいのでしょうか？　各自それなりの個性をすでにお持ちで、それは顔に表れていますから、自分の顔のユニークな部位から自分のユニークさを自覚していただければいいのですが、一般的なことを言うと、美人やハンサムは「癒し系」で自分らしさを発揮することができます。どのような人の極端な考え方や感じ方も理解して受け入れ、「癒す」ことのできる仕事に適性があります。芸能界以外にカウンセラーやコンサルタントなど、「どんな話でも聞いてあげる」系の仕事がお勧めです。

今、どのような顔をお持ちであろうとその特性を知ることができたなら、誰であれ、生き生きすることができます。各自がユニークな人生を生きて、内から光り輝く、美しいエネルギーが出せる個性的な美人になれるよう心がけていただければ幸いです。

コラム

整形美人について

整形した場合は、パーソノロジー（人相科学）の法則は当てはまるのですか？　とよく聞かれます。整形で性格が変わるのですか？　変わらないのですか？　という質問です。

正確に申し上げれば「イエス」であり「ノー」です。交通事故により、顔の形相が大きく変わり、その後性格も大きく変わったという話をよく聞くことがあると思います。つまり、「イエス」です。骨相が変化することで、その性格も根底的に変わります。これは、その部位の細胞の量が大きく変わった場合です。

しかし、歯の矯正をしたからといって、その性格までは変わらないことが分かっています。整形手術によって、その人の細胞量に変化が起こるわけではないので、性格が大きく変わることは考えられないのです。しかし、「見られ」方が変わることは確かなので、そのことによる良い心理的変化が確実に起こるようなら、整形も一つの選択かもしれません。

パーソノロジー（人相科学）からのお薦めは、ご自身の今の顔の意味をよくご理解いただいて、内面を変えることで、顔の形を変えることです。あまり知られていないことですが、私たちの骨は想像以上に柔らかいのです。

第8章

不要な離婚を避けるために

離婚率を10%に減らす方法

アメリカ合衆国の年間の離婚率は50%です。離婚経験者の75%が再婚し、その60%が再び離婚します。アメリカでは、20代の3人に1人は親の離婚を経験しているのです。アメリカ人は、懲りることなく離婚を繰り返し、社会不安の大きな原因となっています。離婚率50%を誇るアメリカ文化の影響を受けて、日本でも離婚率が増加していて50%に近づいているとのことです。不満を持ちながらも離婚できずにいる家庭内離婚を入れたら、半数を超えているかも知れません。

どうやらアメリカでも日本でも、若い男女に結婚相手を見抜く能力がなく、そのつけを子供たちに回し、家庭の不和と社会の不和を助長しているようです。

幸せな家庭を築き、社会を平和にするには、自分にとってベストなパートナ

結婚前は「自分にはない魅力」だった性格が、ストレスの原因になる

ーを見つける智恵と、その愛の生活を維持する智恵が必要ですが、その科学だけはまだ確立されていません。

愛が、幸せな結婚につながるということは、それほどに難しいことなのでしょうか？

幸せな結婚が永続するということは、あり得ないのでしょうか？　朗報があります。パーソノロジー（人相科学）を学んだカップルの離婚率は、10％以下に減ることが分かっています。

パーソノロジー（人相科学）の観点からすれば、誰と結婚しても摩擦が多かれ少なかれ起こるのは、当たり前のことです。男と女では、顔が違うから理解し合えない「考え」「感情」「行動」パターンが必ず出てくるのは当然です。恋愛中は、自分にはない魅力だった性格が、共に生活を始めると我慢できないストレスの原因となるのです。我慢できないのが理由で離婚するとすれば、今後益々離婚率は高くなっていくでしょう！

しかし、我慢できないと思っていた言動も、顔つきを見てその理由が分かれば、許すことができます。その違いを相手のユニークさとして認めることができるようになります。こうして円満な家庭を維持しやすくなるのです。このようにしてパーソノロジー（人相科学）は不要な離婚を軽減することに貢献しています。

ですから、幸せな結婚生活を持続させるために、お二人の完全人相鑑定表を作成されることがお勧めです。するとお互いの長所と短所、およびお互いがどこを理解し合えないかがよく分かり、無駄な衝突や争いを避けることができるのです。末永く幸せな結婚生活が続く家庭が増えることを祈りたいものです。

親子の価値観の対立は、顔の違いからやってくる

教育問題軽減の鍵を握るパーソノロジー

パーソノロジー（人相科学）は、夫婦関係だけではなく、さまざまな人間関係のストレスの軽減に役立ちます。例えば教育問題の軽減にも活用していただけます。

親も昔は子供だったのですが、子供のころの「考え」「感情」「行動」パターンを忘れてしまっています。顔の形が変化して、「考え」「感情」「行動」にも変化が生じて、子供の「考え」「感情」「行動」が理解できないのです。親が子供の人相から、子供の「考え」「感情」「行動」を読み取ることができれば、子供をよく理解できて、教育問題は大きく軽減します。

子供たちにすれば、ただ自然にありのままを自分らしく生きているだけなのです。それがいつの間にか教育を受けなければならない対象にさせられて、むりやり親や社会が期待する鋳型に押し込められて、気がつけば劣等生のレッテルを貼られているのです。ぐれない方がおかしいくらいです。

教育という名の下にストレスを与えているのは、親であり教師であり学校です。もし子供の幸せを願うのが彼らの仕事であるならば、まずは、子供たちのありのままを尊重し、その才能を活かす方法を知ることから始めなければなりません。その才能は一人一人違うので、画一教育を貫く今の学校制度では、親も教師もなすすべがないかもしれません。しかし、パーソノロジー（人相科学）を活用すれば、子供一人一人の個性も案外簡単に分かります。他の子供と比較して優劣をつけたりせずに、それぞれの個性を大切にすることができます。

上司に見る目がなく、無能のレッテルを貼られていることも……

ビジネスにも役立つパーソノロジー

また、パーソノロジー（人相科学）は、ビジネスにも活かすことができます。それぞれの職業に適した人相も発見されています。職場での上司と部下の人間関係や、セールスにも活かすことができます。

例えば、商品を勧めるときに「お得ですよ」という言葉に響く人と響かない人がいます。この言葉に響くのが、鼻梁《びりょう》の高い人です。鼻梁の低い赤ちゃん鼻の人には、「あなたの愛するご家族に役立ちます」といった心に訴えるフレーズが響くので

上司との人間関係を良くするためにも活かそう

す。

このようにお客様の顔の特徴から性格を見抜きながら仕事をすると、楽に楽しく実績を上げることができます。

このようにパーソノロジー（人相科学）は、人間関係が絡むあらゆる領域に応用することができます。

どうか必要に応じて活用していただき、プライベートでも仕事上でも充実した生活を送る一助としてください。

おわりに

ラッキーな人生に乾杯！

本書を最後までお読みいただきありがとうございました。小さいころから顔を褒《ほ》められたことがない私が、「顔の本」を書いているのですから、人生は不思議で素敵です。

顔を褒められたことのない人間というのは、自分を好きになったり愛したりするのが一番難しいものです。そこからの奇跡の復活を果たせたのがパーソノロジー（人相科学）でした。歳を重ねてもラッキーな人生だなと思えるのは、パーソノロジー（人相科学）のおかげです。今、自分を嫌いな皆さんも、本書を読んで今日から自分を大好きになっていただければ幸いです。

顔のパーツの一つ一つに意味があり、才能を表しています。一人一人は、ユニークで、そのユニークさが顔に表れているのです。ただ、その意味が分からなかっただけなのです。ちょっとおでこが出すぎていたり、ちょっと鼻が出すぎていたりして、不格好に見えるかもしれませんが、それは特殊な才能を物語っているのです。どうか今日から自分の顔を愛し始めてください。自分の才能を認め始めてください。

自分を褒めると同時に、他人の顔の長所を見抜いて、褒めてあげてください。すべての部位が長所にもなり短所にもなります。褒めるとその人は輝きだします。褒められると笑顔が出始めます。人の性格の短所を決めつけるような言い方は、どうかやめてください。悲しいことにあなたの運気が下がります。是非、運気を上げるために本書を活用してください。

パーソノロジー（人相科学）は、人それぞれの才能を教えてくれますが、無意識に生きているとストレスいっぱいになる厳しい現実も同時に教えてくれています。誰もが経験する「人間関係の修行」のメカニズムが分かるようになっています。

いろんな顔の人がいて、いろんな性格の人がいます。一人一人違っているから面白いのですが、残念ながら違いを認められずに非難する人の方が多いのが現実です。誰でも自分中心に物事を見るので、他人を理解することが難しいのです。自分の顔や性格を非難されて育った人は、一般的に自分の長所を否定します。そこを跳ね返して、自分らしく生き始めることができるかどうか、それが、今生で神様に与えられた「人間修行」の課題なのではないでしょうか。

しかし、意味を知らずにいると人間関係のストレスに負けて、人生の落後者になる可能性があります。先日立派な頬骨《ほお》を持っているホームレスの方に出会いました。立派な頬骨を活かすことができれば、今ごろ大成功しているでしょうが、一つ歯車が噛み合わないだけで、ホームレスの人生に向かう可能性があるのです。なぜこうなってしまったのかを理解して、冒険者です。逆転劇を演じてもらいたいものです。頬骨がしっかりしている人は、一瞬一瞬変化していると生き生きします。カウボーイのような仕事が現代にあれば、大成功していたことでしょう。しかし、今の社会には毎瞬変化する仕事はあまりありません。毎日同じ仕事をこなすパターン化された作業の方が多いのです。ついに自分に合う職業が見つからず、毎瞬変化するホームレスの生活を選択してしまったのでしょう。

本書に今日出会ったことをラッキーの始まりと思っていただき、自分の顔と人生を見つめなおしてください。特に「自分は変だ」と自覚している人は、チャンスだと思ってください。ラッキーな人生を送り始めているに違いありません。顔が違う以上、実はみんな「変」なのです。自分の「変」を自覚して生きている人は、いい人生を生きていると言えます。周りから「変な人」と言われたら、ラッキーと思ってください。「変な顔」と言われたら、ユニークな人生を生き始めるチャンスです。

世間の平均に合わせようとして、多くの人が不幸になっています。どうか自分の顔を眺めて自分の個性を楽しんでください。最初は、世間も変な顔をしますが、だんだんそれが個性だと分かると高く評価し始めます。「変な奴だが、面白い」。こう思われ始めたら、調子に乗って最高の人生を目指してください。その時、「天命」を感じることでしょう。

実は、あなたの顔に、天命が隠されているのです。

よく、子は親を選んで生まれてくるという話を聞きます。今生での修行のために必要な試練を神様の方で予測していて、ぴったりの環境を整えてくれるというわけです。そんな馬鹿な、と思っていましたが、どうやらこの説は正しいようです。どの親を選べば、その顔の形からどのような修行ができるかが予想できます。どんな顔で生まれても、良いことと悪いことが起きるようにできています。悪いことばかり起こっていると思う人は、どうか自分の顔を見つめなおしてください。その奥には、素晴らしい良いことが、出番を待っています。この顔で生まれたのには、意味があるのだということが分かるようになります。

なぜなら、神様が用意してくれた「自分らしさ」が顔に書かれているのです。パーソノロジー（人相科学）に出会えた私は、「自分らしさ」を知ることができてとてもラッキーでした。そして、皆さんにもラッキーな人生が訪れますように！

パーソノロジー（人相科学）という本格的な学問を、一般の方にも理解しやすい読み物とするために、尽力いただいたPHPエディターズ・グループの岡編集長およびスタッフの皆さんに深く感謝いたします。特に見事なイラストを描いてくださった桂早眞花さんには感謝の念が絶えません。

最後になりましたが、各法則の特徴を示す例として芸能人・著名人の名を出させていただきました。それによって、その方々の性格のすべてを描写しているわけではありませんし、もちろんその方々の性格を決めつけているわけでもありません。人の性格の全体を知るには、全身を計測して読み取る必要があります。各部位の法則を理解しやすくする一助としてあげさせていただいたことをご理解いただければ幸いです。

本書に関するご意見がございましたら、左記までお問い合わせください。

●日本キネシオロジー総合学院　武蔵野事務所
TEL：03-3929-6603
FAX：03-5903-8144
URL：http://www.kinesiology.jp
電話対応・商品発送：火曜日〜金曜日　9：30-19：00

2011年5月　吉日

石丸賢一

著者紹介
石丸賢一（いしまる　けんいち）
1951年、富山県大門生まれ。大阪市都島育ち。京都大学文学部哲学科卒業。日本顔学会会員。日本パーソノロジー（人相科学）の第一人者。国際キネシオロジー大学アジア代表理事。日本キネシオロジー総合学院院長。大手予備校にて英語を教えていた1990年にパーソノロジー（人相科学）を活用したストレス解消技法キネシオロジーに出会い、一般人が学べる主要キネシオロジーとパーソノロジーの翻訳出版をほぼすべて手がけ、日本におけるパーソノロジーとキネシオロジーの普及に貢献する。キネシオロジーの普及の業績を評価され、2007年11月日本文化振興会より「国際アカデミー賞」を授与される。
著書に『タッチ！健康法』（ＰＨＰ研究所）、『幸せをつかむ人相診断＆顔トレ』（成美堂出版）、訳書に『ブレインジムと私』『タッチ for ヘルス健康法』『ビジネスマンのためのブレインジム』（以上、市民出版社）がある。

この作品は、2011年７月にＰＨＰエディターズ・グループから刊行された『見た目だけで人を見抜く25の法則』を改題し、加筆・再編集したものである。

ＰＨＰ文庫　見た目だけで人を見抜く技術

2014年10月21日　第1版第1刷

著　者	石　丸　賢　一
発行者	小　林　成　彦
発行所	株式会社ＰＨＰ研究所

東京本部　〒102-8331　千代田区一番町21
文庫出版部　☎03-3239-6259（編集）
普及一部　☎03-3239-6233（販売）
京都本部　〒601-8411　京都市南区西九条北ノ内町11

PHP INTERFACE　http://www.php.co.jp/

組　版	株式会社PHPエディターズ・グループ
印刷所 製本所	図書印刷株式会社

© Kenichi Ishimaru 2014 Printed in Japan
落丁・乱丁本の場合は弊社制作管理部（☎03-3239-6226）へご連絡下さい。
送料弊社負担にてお取り替えいたします。

ISBN978-4-569-76253-1

PHP文庫好評既刊

外見だけで人を判断する技術

顔、服装、しぐさで見抜く

渋谷昌三 著

人は「見た目」がすべてだ！「一重まぶたの人は頑固」「腕組みは警戒心のサイン」など、外見、服装、しぐさに隠された本音がわかる。

定価 本体五一四円（税別）